완행열차를 타다

완행열차를 타다

정수자 수필집

| 책을 내면서

은근과 끈기의 한국인을 증명이라도 하듯 수필집 2집을 발간합니다.

문학인도 아니요 글쓰기에 특별한 재능을 지닌 자도 아니지만 의지의 한국인답게 은근과 끈기로 이끌어 왔습니다.

기쁠 때는 더 크고 높은 기쁨을 안고 글 앞에 앉았습니다. 앞이 보이지 않은 암울할 때면 헤어날 수 없는 슬픈 수렁에 허우적거리며 글과 씨름하였습니다. 글과 마주하면 어떤 일이든 이겨낼 수 있었습니다.

글쓰기란 어려운 작업이지만 소유하기 힘든 부드러움과 따뜻하고 여유로운 삶을 누릴 수 있게 만들어 줍니다.

책을 읽는 독자분도 이야기하듯 느리고 넉넉한 휴식을 취하며 읽어 주시면 더할 나위 없이 고맙겠습니다.

여기까지 지도해 주시며 이끌어 주신 분들께 감사드리며, 건강과 시간이 미비하지만 글을 쓸 수 있는 작은 능력을 주신 하나님께도 감사드립니다.

2019년 풋여름

정수자

| 차례

제2부

친절도 애국이다

제3부

영혼의 집

제4부

운이 좋은 여자

제5부

오두막 카페

제1부

나답게 사는 법

나답게 사는 법

Healing이라는 단어가 유례없이 유행어가 되었다. 많은 사람과 모든 매스컴에서 매일이다시피 사용된다. 무슨 뜻인가 대충 알고 이해한 후 요즘은 익숙해져 친밀하고 즐겁게 쓰고 있다. Wellbeing이란 단어도 종종 입에 올린다. 두 단어 모두 사람에게 양질의 도움을 주는 좋은 언어이다. Healing은 인체의 몸과 마음을 주제로 하고 있으며 Wellbeing은 먹는 것, 입는 것, 여행 등 생활하는 전반의 모든 것에 덧붙여 사용한다. 널리 보급되면서 유머러스하게 흔히들 쓰고 있는데 YOLO(욜로)라는 생소한 언어를 책에서 발견하고 무척 놀라고 당황스러웠다.

욜로 탄생은 2011년 미국의 '더 모토'라는 곡에서 'You only live once'의 뜻을 YOLO(욜로)라는 한 단어로 묶어 가수가 부르며 널리 퍼졌다. 오바마 케어 홍보 영상에서 '욜로'를 외쳐 더욱 유명해졌다고 한다. 이제는 욜로 단어가 옥스퍼드 사전에도 등재되었을 정도로 그 열풍이 뜨겁다. 올해 가장 화두가 되고 있는 추세로 브라운관에서도 욜로와 관련된 내용물로 점차 퍼져 나간다.

YOLO LIFE(욜로 라이프) '도전하고 실천하는 삶'이라는 긍정적인 뜻으로 쓰인다. 한 번뿐인 인생이니 하루하루에 충실하자는 뜻도 내포되어 있다. 그러나 젊은 층에서는 한 번뿐인 인생을 눈치 보지 말고 내 마음대로 살아보자는 현실 지상주의로 인식하기도 한다. 그렇게 단순히 충동적이고 소비지향적인 성향이 아니다. 진정한 욜로 라이프는 자신의 삶에 충실하면서 진실한 행복을 추구하는 가치 있는 삶의 자세라고 하겠다.

욜로 라이프를 실천하기 위해서는 내가 해보고 싶은 일을 찾는 것이 우선이다. 적합한 일을 찾았으면 그것을 위해 아낌없이 투자하는 노력이 행복한 삶을 만든다. 자신이 추구하는 가치관을 따라 자존감을 갖고 노력하며 사는 법이 욜로의 진정한 뜻이다. 목표를 세웠으면 푯대를 향하여 바르고 당당하게 나아가는 것이 가장 값진 인생의 길

일 것이다.

나를 가장 잘 아는 자는 바로 나다. YOLO LIFE, 참되고 진실되게 사는 것, 마음을 다스려 나의 가장 보람된 삶의 가치는 무엇일까를 생각한다. 오랫동안 살아오면서 무엇을 위해 얼마나 참되고 값있게 살아왔는지 두려운 마음으로 되새겨 본다.

나는 대체적으로 많은 여성이 살아가는 평범한 길을 답습하며 살아왔다. 부모 밑에서 학창시절로 유·소년기를 보냈다. 사춘기를 맞아 하늘을 날 듯 들뜨기도 했으며 세상의 고민과 고통을 홀로 진 듯 허우적거리며 청년기를 보냈다. 결혼 적령기를 맞아 결혼을 하였고 주부로 가정을 지키며 장년기를 보냈다. 어느덧 노년기에 접어들어 모든 짐을 내려놓고 나를 위해 산다. 자유함 속에서 내가 하고 싶은 것, 갖고 싶은 것을 대체로 취득하며 나 자신을 위해 살아간다.

지금껏 살아오면서 열등감에 휩싸여 힘들기도 했으며 때로는 교만하여 자만심이 넘치기도 하였다. 고통과 환희를 교차하며 성실하게 노력하며 살았다. 부모님 슬하에서는 부모님께 고분고분하였으며 공부도 열심히 하였다. 결혼 생활에서는 남편과 뜻을 합하여 육아와 가정 경제에 최선을 다하며 가정을 지켰다. 이제는 모든 것 내려놓고 믿음 안에서 온유하며 겸손하게 살아가려고 노력한다. 범사에 감사하며 건강하게 살게 해 달라고 기도드린다. 나의 마지막 때에 하나님

앞에서나 자녀들에게 하나님의 인도하심에 따라 진실되게 바르게 살려고 노력하며 살았노라고 이야기하고 싶다. 이것이 나의 욜로 생이 아닐까 한다.

노년기를 맞아 나답게 사는 법 나의 YOLO LIFE 생활을 점검해 본다.

첫째는 신앙생활이다. 내가 살아오면서 보람되고 자랑스러운 것은 변함없이 지켜 온 믿음이다. 부족한 믿음이었으나 나뿐만 아니고 우리 가족 3대가 예수 믿고 구원받았다. 오로지 하나님의 은혜로 감사할 따름이다.

둘째는 건강이다. 건강은 부모님께 물려받은 가장 큰 유산이요 나의 자산이다. 자녀들에게 의지하지 않고 혼자 건강하게 살고 있다. 부모님께 감사한다.

셋째는 자녀들이 각자 독립하여 사는 것이다. 3남매 모두 결혼하여 각자 그들의 분복대로 열심히 살아가는 모습에 감사한다.

넷째는 글을 쓰는 일이다. 남편을 갑자기 하늘나라로 보내고 슬픔의 늪에 빠져 허우적거렸다. 생각지도 못한 글쓰기에 입문하여 고맙게도 여기까지 왔다. 글쓰기는 남편을 보낸 슬픔을 이기게 하고 외롭게 걸어갈 앞으로의 길을 따뜻하고 윤기 나게 살아갈 수 있는 힘을 만들어준다.

다섯째는 나라를 사랑하는 일이다. 우여곡절이 많은 우리나라 대한민국. 독립운동가의 가문도 아니고 유공자의 자녀도 아닌 가정에 태어나 평범하게 살아왔다. 나라의 소중함을 알기에 이기심과 물질의 부요함을 위함보다 정직하고 바르게 사는 것이 조국애라고 여긴다. 나라에 누를 끼치는 일은 하지 않을 뿐 아니라 조금이라도 덕을 끼치고 싶다.

허락된 환경 속에서 사람들과 사랑을 나누고 싶다. 작은 일에도 양보하고 베풀며 풍요롭고 느슨하게 살고 싶다. 나 자신에게 충실하면서 하고 싶은 일하며 가치 있는 하루하루를 보내려 한다. 진실된 마음으로 바르게 당당하게 사는 것이 노년의 길을 걷는 나의 여생에 나답게 사는 최상의 'YOLO LIFE'가 될 것이다.

반비례

어느 정도 나이를 먹으면 나이와 의무, 책임은 반비례한다. 바쁘고 힘겨웠던 장년기를 지나 노년에 들어서면 나이는 높아지지만 해야 할 일은 점진적으로 줄어든다.

어릴 때는 부모님 밑에서 학교에 다니고 성장하면 성인이 되어 결혼을 한다. 신접살림을 차리면 부모님을 떠나 독립을 한다. 출산도 하고 서투른 육아로 아이를 기른다. 어렵사리 작은 집을 장만하면 어깨에 힘을 주며 이사를 한다. 희망에 부풀어 두려움도 없이 열심히 산다.

아이들이 자라면서 할 일이 많아진다. 경제적인 지출에 힘겨워하기도 한다. 체력과 물질을 소모시키면서 가족들에게 정성을 들인다. 장년기에 접어들면 자식이 대학을 졸업하면서 결혼을 한다. 식구가 줄어드나 싶더니 얼마 지나지 않아 점점 보태어진다.

나 역시 그런 과정을 그쳤다. 막내아들까지 결혼하여 얼마간 살다 보니 열 명을 훌쩍 넘긴 대가족을 이루었다. 한 아이가 최소한 네 명을 거느리고 와서는 북적거렸지만 전혀 힘들지 않았다. 뿌듯하고 기쁘기만 하였다. 가족 동반으로 국내는 물론이고 외국 여행도 여러 번 다녔다. 지출이 많고 번거로워도 신바람이 났다. 가족들 속에서 혼신의 힘을 다하며 기꺼이 나이를 먹어 갔다.

우리 부부는 얼떨결에 노년기에 입문할 단계에 이르렀다. 아이들이 장년기에 접어들며 생활이 복잡하고 바빠져 간다. 만날 수 있는 기회도 줄어들고 집을 찾아오는 일도 드물어졌다. 가족 여행은 고사하고 급기야는 남편과 둘만의 여행을 하게 되었다. 간편하고 홀가분한 생활이었다.

식비, 양육비, 교육비 지출이 전부였을 시기에는 경제적으로 힘들었다. 아이들 결혼에 엄청난 지출을 했지만 노년기에 접어들며 전반적인 지출이 서서히 줄어들었다. 요즘은 교육비 지출은 전혀 없으며 식비 지출도 힘들지 않다. 대신에 문화비와 체면 유지비의 지출이 많아지고 있다.

어느 날 남편이 하늘나라로 훌쩍 떠나 버렸다. 예기치 못한 갑작스러운 일이라 놀랍고 두려움이 앞섰다. 생활은 놓을 수 없어 무의미함 속에서 무미건조하게 살았다. 나 홀로 서 있는 것처럼 격리된 집안에 닫혀 있는 일상이었다. 시간도 고요와 적적함에 멈추듯 더뎠다. 풍족한 시간 속에서 무료하게 살 수밖에 없었다. 무겁고 어두운 마음에서 벗어나 밝은 생활을 할 수 있는 지혜를 찾기 시작했다. 아쉬움은 있으나 적응하려 노력하면서 살았다.

노인들은 국가로부터 많은 혜택을 받아 가며 살아간다. 무료로 지하철을 이용하면서 계단도 오르내리지 않고 에스컬레이터나 엘리베이터를 타고 다닌다. 기차, 비행기도 경로 할인이 있으며 고궁, 영화관, 미술관에도 반액으로 관람할 수 있다. 노인 복지정책의 사회적 보살핌을 받으며 안정된 생활을 할 수 있다. 그래서 최선의 노력을 기울인다. 그럼에도 때로는 혼자라는 생각에 머물면 별일 아닌 일에도 의기소침해지며 소극적으로 대처하게 된다.

가정에서도 버려야 할 것들이 더 많아진다. 남편을 보내었을 때 급한 것만 정리하고 그대로 남겨두었다. 남편의 책, 의류, 장신구 정리도 아직 시작하지 않았다. 불필요한 가구며 나의 자질구레한 소지품도 조금씩 정리하지만 더욱 줄여야 한다.

이런 일에는 아쉬움은 있으나 어려움은 없다. 가장 어렵고 두려움 마저 느낄 일이 하나 남아 있다. 자동차 운전이다. 조용하고 침체된 생활에서 가장 긴요하게 쓰이는 것이 자동차다. 자동차를 몰면 외부인과 접촉 없이 편안함 속에서 마음대로 다닐 수 있다. 요즘은 운전 횟수의 폭이 좁아져 장거리뿐만 아니라 밤 운전도 거의 하지 않는다. 주차장이 없는 복잡한 곳에는 될 수 있는 한 운전하지 않는다. 나름대로 조심을 한다. 아이들은 은근히 운전 그만하라는 압박을 가해 오지만 마음은 그만둬야지 하면서도 올해도 자동차보험을 신청했다. 자가용이 필요한 일도 곧잘 생긴다. 새벽기도를 가는 일, 대중교통이 불편한 아이들 집에 방문할 때, 시장 보기 등 요긴하게 쓰일 때가 많다. 요즘도 계속 차를 몰고 다닌다. 나이로 인해 잃는 것이 많은데 운전을 포기하면 무료증이 올 것 같다.

자동차가 있지만 나는 주로 지하철과 버스를 이용하면서 대중 속에서 소탈하게 생활한다. 건강하게 살 수 있게 잘 키워 주신 부모님께 감사하면서 마음껏 대중교통을 이용한다.

동창 모임에서도 젊었을 때는 남편과 자녀 이야기로 열을 올렸다. 어느덧 자녀들의 결혼식에 신나게 찾아다니더니 손자 자랑으로 넘어가는 시기가 왔다. 언제부터인지 요즘은 병에 관한 정보, 상속, 죽음에 대한 이야기가 주로 흘러나온다. 하다못해 종일 집에 있어도 전화벨 한번 울리지 않는다며 웃곤 한다.

우리들은 요즘 젊은이들이 이해할 수 없는 어려운 시절을 살았다. 육십여 년 동안 나라는 발전을 거듭하며 잘 사는 나라로 변했다. 나라가 부강하면서 생활수준이 급격히 높아져 우리 세대는 운 좋게도 어려움 속에서 문명혜택을 누린다. 무엇보다 서양 영화에서 신기하게 보았던 여자가 자동차를 운전하는 시대가 왔다. 여성이 고희를 훌쩍 넘기고 여든을 바라보며 운전한다는 것은 상상할 수 없는 일이지만 엄연한 사실이다. 운전대를 놓지 않겠다고 발버둥치는 옹고집에 나 스스로 놀라지 않을 수 없다. 나이를 먹어서는 상상할 수도 없었던 풍요를 누리며 살고 있다.

노년기에 접어든 나는 노년 생활에 적응하려 노력한다. 주어진 조그만 일에도 고마워하면서 최선을 다하며 살아갈 것이다. 종일 전화벨이 울리지 않아도, 자녀들의 발걸음이 뜸해지더라도, 섭섭해하지 않을 것이다. 그래도 아직 내게는 건강과 글쓰기가 남아 있다.

10분의 동행

어두침침한 거실에서 국민보건체조를 한다. 하나 둘 구호에 따라 몸을 움직이며 호흡을 조절한다. 신명이 나면 폼을 재가며 절도 있게 움직이지만 때로는 허우적거리기도 한다.

평범하게 살아가는 사람들에게 예상치 못한 백세시대가 다가온다. 과장된 일이려니 무심히 넘어가려는데 어느새 내게도 실체가 되었다. 갑자기 접하는 수명 연장에 경제적으로나 건강상으로 당황하지 않을 수 없다. 청년들에게도 큰 충격인 것 같다. 얼마 전 젊은이들에게 부모님이 몇 살까지 살기를 원하느냐는 설문 조사를 하였다. 놀랍게도

65세란다. 우리나라 굴지의 일류대학교 학생들의 설문 조사에서는 어이없게도 63세라고 낮추어졌다. 초로에 나름대로 건강하게 살고 있는 나에게 충격이 아닐 수 없다.

서양 사람들은 건강하게 살면서 1년 정도 병치레하다 죽음을 맞이한다고 한다. 우리나라도 수명이 연장되었으나 10년을 병으로 고생하며 산다고 한다. 운동을 생활화하면서 살아가는 서양 사람들의 건강한 노후생활은 자연스러운 일이다. 우리나라 사람들은 보통 보약(한약)과 영양제, 보양 음식을 복용하면서 운동에는 신경을 쓰지 않는다. 운동과 상관없이 살다 보니 그런 결과가 나올 법도 하다. 고령화 사회로 나아가는 우리나라도 운동의 필요성을 깨닫고 거국적으로 운동을 많이 권장한다. 운동을 쉽고 편하게 할 수 있도록 개발하여 다양하게 보급하고 있다.

노인층에 들어선 나는 건강하게 살고 싶다. 수명은 이미 정해진 이치이고 살아가는 동안에는 병으로 고통받고 싶지 않다. 병으로 몸이 불편하면 나 자신이 힘들 것이고 자녀들에게도 여간 고된 일이 아니다. 이런 힘든 일을 아이들에게 물려주고 싶지 않다. 나의 건강이 자녀들에게 큰 사랑의 선물일 것이다. 그러기 위해서 나를 돌보기로 했다.

나는 허리가 튼튼하지 못하다. 운동을 하다 다쳐 얻은 고질병으로 얼마간 힘든 생활을 한 적이 있었다. 그때에 주부가 아프면 가정이 무너진다는 사실을 절감했다. 의사의 지시를 따라 병원치료를 반복하면서 물리치료에도 최선을 다하였다. 몇 개월이 지나 완전하지는 않지만 지금은 보편적인 일상생활을 하고 있다.

정기적으로 하던 운동을 그만두고 시작한 것이 국민보건체조다. 전부터 가끔씩 피곤하고 몸이 뻣뻣할 때면 가볍게 맨손체조로 온몸을 풀어주기도 했다. 보건체조를 쉽게 할 수 있었던 것은 고교시절의 영향이 크다. 우리 학교는 졸업을 하면 초등학교 교사로 배치받아 교직생활을 해야 하는 사범학교였다. 그로 인해 운동장 아침 조례시간에는 반드시 보건체조를 한다. 인연이 더욱 깊은 것은 대학 3학년 때였다. 군사혁명이 일어나 박정희 대통령 시절 체력이 국력이라는 슬로건 아래 일주일에 한 번씩 전교생이 운동장에 모여 체육교육을 받았다. 그 시간에도 국민보건체조를 했다. 뜻하지 않게 보건체조를 다시 익히게 되었다.

백세시대라는 말을 듣지 못했던 어른들은 노년기에 들어가면서 나이를 먹으며 자연스럽게 죽음을 맞는 것이 상례였다. 그때는 운동 교실도 흔하지 않았다. 백세시대의 여파로 요가교실, 헬스클럽, 단전호흡 같은 강좌도 우후죽순처럼 문을 열었다. 남녀노소가 쉽고 간편하게 할 수 있는 운동이 보급되었다.

나는 요행히 좋은 부모님 밑에서 건강하게 태어났다. 지금까지 지병이나 큰 병 없이 무난하게 살아 왔다. 앞으로도 몸과 마음이 건강하며 깨끗하고 풍요롭게 살기를 바란다. 그러기 위해서 새벽에 일어나 거실에서 십 분간 맨손체조를 한다. 오후에 아파트 경내 중앙공원을 한 시간 걷는다.

예전에 배웠던 국민보건체조는 매우 과학적이다. 머리에서 발끝까지 운동할 수 있게 만들어진 인체에 고루고루 미치는 기본운동이다. 팔다리 운동으로 시작해 마지막 뜀뛰기에 이어 숨쉬기까지 마치면 온몸이 유연해진다. 마음까지 가벼워진다. 산뜻한 기분으로 활기차게 하루를 연다. 운동을 하는 동안 여러 가지 추억들이 떠오른다. 넓은 운동장에 전교생이 질서정연한 가운데 음악에 맞추어 힘차게 운동하던 조례시간, 꾸부정하고 어설픈 동작으로 웃음을 자아내게 하던 가사 선생님이 그리워진다.

TV에서도 신체 부위에 따른 운동법이 많이 쏟아진다. 더러는 보건체조에서 연루된 것도 있다. 간편하고 쉽게 할 수 있는 운동으로 내게 좋을 것 같아 지도자를 따라해 본다. 간단한 것 같은데 바른 자세가 나오지 않는다. 절도 있는 정확한 동작은 마음뿐 구부정하고 어설프기까지 하다. 익숙해지기까지 지속해보려 해도 작심삼일 아무런 의미가 없다. 새로운 것을 익히고 외울 수도 없고 바른 자세가 나오지 않아 무용지물이 되고 만다.

국민체조는 언제 어떠한 장소에서라도 가볍게 할 수 있는 운동이다. 오래 지속되어 온 익숙함에 보건체조가 가장 쉽고 편하다. 오늘도 어스름한 거실에서 국민보건체조로 하루를 연다. 운동도 몸에 필요로 하는 정도에 그쳐야지 과하면 독이라고 한다. 10분간 구식 맨손체조가 내겐 여유롭게 하루를 살아가게 하는 밑거름이다.

음악 매니저

벨이 울린다. 연이어 “택배요!” 소리친다. ‘택배는 무슨…’ 의아한 생각이 뇌리를 스치며 뛰어나가 문을 열었다. 내 이름으로 왔다기에 미심쩍어하며 받았다. 한국 가곡과 외국 명곡의 성악곡 음반이다.

가족 모임을 얼마 전에 가졌다. 식사 시간에 음악 이야기가 나왔다. 작은사위는 성악 개인 레슨을 받을 정도로 음악에 깊은 관심을 갖고 있다. 요즘 무슨 음악을 듣느냐고 묻기에 성악을 듣는다고 하였다. 성악 음반이 어떤 종류가 있느냐고 묻더니 난데없이 음반을 여러 장 보내준 것이다. 고마움에 마음이 찡해 온다.

내가 음악을 좋아하는 것은 어릴 때부터 많이 접해 온 탓이다. 초등학교 다닐 때 일어난 어수선한 전쟁 중에도 동요를 많이 불렀다. 중학교에 다니며 음악 교과서를 펴 놓고 오르간으로 반주하며 노래를 불렀다. 대학 다니며 서울 시내에 세계적인 문화 행사를 할 수 있는 문화 공간이 별로 없어 이대 강당에서 많이 거행하였다. 나는 기숙사 생활하면서 빌리본 악단을 비롯해 심포니 오케스트라, 독창회, 독주회, 오페라, 발레 등 많은 문화행사를 관람하며 서양문화에 눈을 떴다. 교회를 다니며 찬송가를 불렀으며 오랫동안 찬양대원으로 성가곡을 배우고 불렀다. 결혼하여 LP음반으로 교향곡을 들으며 클래식과 가까워졌고 음악회도 다니며 음악과 인연이 이어졌다.

전반적으로 음악은 교향곡을 들었다. 쇼팽 콩쿠르를 관람하면서 피아노의 매력에 현혹되어 한동안 피아노에 열을 올렸다. 사위에게 CD 음반을 부탁하여 저명한 피아니스트의 연주로 피아노 명곡을 들었다. 근래에는 부드러운 바이올린 소리에 심취해 바이올린에 빠졌다. 음악을 고루고루 번갈아 듣는 것이 아니고 나의 경우에는 선호도가 분명해 한 장르에 집중하면 일률적으로 지속하여 듣는다. 언제부터인지 성악을 듣기 시작하였다. 밑바닥에 깔려 있던 마리오 란자, 파파로티의 아리아 모음곡 음반을 꺼내어 테너의 힘차고 활기찬 노래를 들으면 마음이 후련해지고 별일 아닌 인생살이의 조그만 근심거리가 덜어진다.

오디오가 문제를 일으켜 전문가에게 문의하였더니 재생이 힘들겠다는 연락이 왔다. 부속을 바꾸려 해도 오래된 제품이라 부속품 구하기 어렵다고 한다. 할 수 없이 새 오디오를 구입하기로 결정하였다.

오디오가 들어온다는 통보가 왔다. 결혼 50여 년간 네 번째 오디오다. 사위가 직접 들고 온 오디오가 포장 상자에서 나오는 순간 눈이 휘둥그레진다. 아주 작고 새하얀 오디오였다. 장난감도 아니고 놀라울 지경이다. 내 마음을 감지한 사위가 스피커를 옮기며 소리는 괜찮다고 한다. 설치한 후에 CD음반 소리를 들으니 생각보다 소리가 부드러웠다. 라디오 FM음악 방송도 앙증맞은 외모보다 훈훈한 소리에 깨끗하다. 음악인처럼 예리한 음악성을 소지한 것도 아니고 나이를 먹어감에 따라 귀가 우둔해지는 듯 소리에도 둔감하니 이 정도라면 내게는 충분하다.

작곡가들의 창작품들은 사람들에게 선함과 사랑을 안겨주고 세상을 바꾸어 놓을 수 있는 힘을 갖고 있다. 영감과 감성 속에서 태어난 음악은 신비롭다. 영혼이 남겨있는 음악에 젖어들며 숨을 죽이면 시간과 공간을 넘나들며 작곡자와 같은 창조세계로 이끌어 준다. 교향악단이 내 앞에서 연주하는 착각을 일으키기도 한다.

음악은 항상 내 곁에 있었다. 음악은 나의 생활이며 나를 안아 주는 안식처요 쉼터였다. 결혼하여 남편에게 핀잔을 들으면서 가장 먼저 장만한 살림살이가 전축이었다. 라디오에서 나오는 음악만 듣다 LP 음반의 교향곡을 들으니 꿈만 같았다. 아끼며 사용하였던 전축도 15여 년쯤 지나니 잡음이 생겨나고 문제가 생겼다. 비싼 레코드 바늘을 갈아 끼우고 문제를 해결해도 성능이 좋지 않았다. 수명이 다된 걸로 낙착되어 손때가 묻은 전축을 보내고 새것으로 교체한 것도 어느덧 15년이 지났다. 15년간 사용하면서 듣고 싶은 LP음반이 제법 쌓였다. 힘들여 구입한 작은 정성이었다.

작은딸이 결혼하여 같은 아파트 단지에 신접살림을 차렸다. 사위가 집에 오면 음악을 듣는다. 전축이 잡음이 심하고 음악 중간에 중단되기도 하는 문제를 일으켰다. 전축인지 음반이 문제인지를 얘기하다 CD음반을 사용하는 오디오로 교체하기로 결정했다. 오랫동안 어렵게 모았던 많은 음반을 버리지 못해 모퉁이에 보물인 양 쌓아 둔 LP판이 애석했다.

사위의 추천으로 오디오가 들어왔다. 내 집에 전축 시대가 지나고 CD 오디오 시대가 열렸다. 새 시대가 열리며 음악을 주관하는 권리가 내가 아니고 사위에게로 옮겨졌다. CD음반을 사위가 몇 장 구입하여 들고 왔다. 소리는 맑고 깨끗했다. 잡음이 전혀 없는 음질에 놀라웠다. 그런 와중에 CD음반을 사용하는 오디오 이용자가 늘어났다. LP

음반은 잡음도 나오고 바늘도 문제를 일으키지만 CD음반은 전혀 그런 것에는 문제가 되지 않았다.

그런데 결림이 없는 것도 아니었다. 소리가 너무 깨끗하여 금속성 소리가 스치며 음악이 메마른 것 같은 느낌이었다. 때로는 금속 소리의 자극으로 귀가 아파오는 것 같아 음악 듣기를 중단하였다. LP음반에서 들을 수 있는 부드럽고 포근한 깊은 음악을 들을 수 없었다.

CD음반의 소리에 적응하는데 많은 시간이 걸렸다. 청량함과 정확한 음률에 소리를 맞추어 들으며 적응하려고 애썼다. 오디오 소리에 길들이기를 애쓰며 부족한 CD음반을 모았다. 오스트리아에서 비엔나 필 연주의 슈트라우스 왈츠를 독일에서는 베를린 악단 연주 슈베르트 미완성 교향악을 구입하였다. 뉴욕에서 뉴욕 필이 연주하는 신세계 음반을 구입하며 음반 늘리기에 열을 올렸다. 날이 갈수록 음반이 쌓였다.

음악이란 기쁠 때는 큰 감동으로 다가온다. 슬플 때는 위로가 되어준다. 외로움을 다독여 주며 상처받아 허덕이면 일어설 수 있는 곳으로 이끌어 준다. 메마른 생활을 윤택하게도 지루하지 않게도 한다. 내 옆에 음악 매니저 작은사위가 있어 한결 미더워지며 따뜻하다.

5,000원의 반란

남천역에서 지하철을 탔다. 서면역에 내려 출구를 나오면 지하도에 상가들이 줄지어 있다. 젊은이들의 쇼핑 장소로 옷들이 널려 있다. 내게 필요한 옷은 없을 것이라는 지레짐작으로 매번 그저 곁눈질이나 하며 지나친다.

서면은 원래 나의 주 생활권이다. 이곳에서 자라 초등학교를 졸업하고 오래도록 다니는 교회도 있다. 그러다 보니 매주 몇 번씩 지하도를 지나친다. 서면은 교통의 완충지대라 승용차보다 대중교통 이용이 편리하다. 어느 곳을 가더라도 지하도를 거쳐야 할 때가 많다.

5,000원이란 가격표가 붙은 행거에 바지가 가득 걸려 있다. 멋진 컬러에 세련미가 돋보이는 잘 빠진 바지들인데 싼값의 매력에 눈길이 더 간다. 머뭇거리며 구경을 하다 치수가 작아 보여 발걸음을 돌리기도 한다.

무더운 여름날 동창 모임으로 한식점에 모였다. 식사를 겸한 모임 후 백화점 영화관에서 영화 관람을 하였다. 집으로 가기 위해 지하철역으로 향했다. 밖에는 비가 온다면서 행인들의 손에 우산이 들려 있었다. 어느 가게 앞을 지나치는데 큰 박스에서 옷들을 꺼내며 “무조건 5,000원!” 하며 외친다. 슬쩍 보니 눈에 들어오는 옷이 던져졌다. 내게 맞는 옷이 있을까 가까이 가서 살피니 입을 수 있을 것 같았다. 괜찮아 보이는 티셔츠 한 장을 슬그머니 집어 구입했다. 집에 돌아오는 내내 우산도 받지 않은 손에 옷이 젖을까 움켜쥐고 빠른 걸음을 걸었다.

집에 들어서자 재빨리 입어 보니 입을 만했다. 천도 얇고 무늬가 단순해 조금은 젊어진 기분이다. 5,000원 값을 톡톡히 한다며 집안에서 즐겨 입으며 으슥해 한다. 그 후로 지하철을 이용할 때 가끔 가게를 들러 옷을 구입하였다. 이젠 집안에서뿐만 아니고 은행, 마트 정도의 출입은 거뜬히 한다.

어느 날이다. 5,000원 가격표가 붙어 있는 원색에 가까운 바지들이

유난히 눈에 띄었다. 반납은 절대 금지란 푯말도 붙어 있다. 손으로 만져 보았다. 스판 천으로 탄력도 있고 디자인이 간단하여 입기에 편하게 만들어졌다. 치수를 물으니 2XL까지 있다고 한다. 내가 입겠느냐고 물으니 충분하단다. 용기를 냈다. 가장 큰 치수 하나 달라고 하니 주황색 바지를 꺼내준다. 컬러가 너무 밝고 원색에 가까워 다른 색을 찾았다.

2XL 치수로는 그 컬러밖에 없단다. 눈앞에 회색 바지가 있어 가리키니 큰 치수가 없다고 한다. 집안에서 입으니까 괜찮을 것 같아 잠시 머뭇거리다 구입했다. 돌아오는 길에 입을 수 있을까 줄곧 신경이 쓰였다. 맞지 않으면 딸이나 손녀 주겠다고 마음먹었다. 5,000원이니까 부담도 없다. 집에 들어서자 모든 일을 젖히고 바쁘게 바지를 입었다. 가게에서는 폭이 제법 넓어 보였는데 입어보니 착 달라붙어 거의 레깅스 수준의 야광이었다.

레깅스 수준의 원색 바지를 구입해 놓고 입지 못해 옷걸이에 걸치지도 않고 둘둘 말아 한쪽 귀퉁이에 두었다. 딸에게 입어 보라니 입지도 않고 절레절레 고개를 흔든다. 반품도 못할 지경이니 귀퉁이에 그대로 둘 수밖에 없다. 대학생 손녀가 방학에 와서 보이니 입기는커녕 이상한 눈으로 나를 쳐다본다.

구석에 던져진 채로 천대받고 있으니 아깝고 아쉬운 생각에 바지와 어울려 보이는 회색 바탕에 흰색 가로줄 무늬 티셔츠 한 장을 구입했다. 간편하고 젊어 보일 것 같았다. 야광 주황색 바지에 구입한 티를 입었다. 거울을 보는 순간 얼굴이 확 달아올랐다. 가관이 따로 없다. 주름투성이 얼굴에 배가 불룩한 늙은 임산부가 신발도 신지 않은 맨발로 외출을 위해 급하게 걸쳐 입은 아프리카 원주민 같았다. 느닷없이 서글픈 웃음이 번진다.

옷을 급히 벗어 던지고는 거실 소파에 걸터앉았다. 꼬리가 길면 밟힌다는 속담답게 대충하고 말 일이지 결국 일은 벌어졌다. 객기도 어느 정도지 말도 할 수 없는 한심한 일이다. 얼굴이 화끈해지며 비참한 생각으로 자신이 싫어진다.

이게 원래 내 모습인지 참담하고 어이없다. 나는 어떤 사람인가. 내면이 중요하고 외면은 별 것 아니라지만 우스꽝스럽고 천박함이 절정에 달한 내 모양새가 끔찍스럽다. 이때껏 살아온 나의 빌자취가 어떠했는지. 자화상을 그리면 어떤 그림이 나올지 두려움이 엄습해 온나.

도덕적으로 범주에 빗어나지 않으려 애썼다. 법규를 지키며 나름대로 조심하며 살았다. 의복도 단순하고 어두운 옷들을 선호해 단정한 모습의 차림새였다. 무겁고 칙칙함에서 벗어나고파 은연중 기지개를 켜 보는지도 모르겠지만 그렇더라도 너무 지나치다.

중고등학교 다닐 때 단체관람 외에는 영화 구경 한번 못가 본 겁쟁이였다. 대학에 들어가서는 움츠렸던 생활에서 날개를 펴듯 영화관 출입에 열을 올렸다. 조예도 없는 음악회, 미술관, 연극까지 휩쓸며 다녔다. 그 여파인지 요즘도 가끔씩 한번 열이 뻗치면 막장까지 끝을 보아야 할 때도 있다.

5,000원의 반란이 너무 길었다. 적당하게 하고 말 걸. 소파에 스르르 쓰러지는 느낌이다. 역마살이 덮쳤나 고삐 풀린 망아지 모양새다. 어처구니없는 행동을 제재할 능력이 부족하면 어디까지 갈지 두렵다.

얼마를 지나 둘둘 말아놓은 바지를 펼쳤다. 내 마음을 자르듯 무릎 아래로 싹둑 잘랐다. 집안에서 작업복으로 입으려 6부 바지로 만들었다. 그 위에 줄무늬 회색 티셔츠를 걸치면 날렵하고 폼나며 신명나게 일할 것이다. 평범하게 살아온 나에게 저렴한 가격으로 숨겨 온 끼를 흥겹게 펼쳐 보련다.

실패는 성공의 지름길이라고 한다. 너무 거창한 비유지만 나만이 아는 실수를 조용히 접고 진정한 나 자신으로 돌아가야겠다. 늙음의 객기 깜짝 실수로 탄생한 6부 야광 주황색 작업복으로 힘차게 청소하고 조리하며 설거지로 흥을 발산하며 여유로운 삶을 누려 보리라.

그 후

2014년 갑오년은 푸른 말의 해다. 어렵사리 ≪겨자씨 한 알≫ 수필집을 새봄에 발간하였다.

택배로 배달된 겹겹으로 쌓인 책 상자를 보자 현기증이 일어날 정도로 어쩔 줄 몰랐다. 한참을 바라보다 흥분된 마음을 가라앉히며 조심스레 포장을 뜯었다. 상자 속에 차곡차곡 쌓인 책에 허리를 굽혀 코끝으로 냄새를 맡았다. 잉크 냄새, 종이 냄새가 엉킨 책 위에 볼을 얹고 눈을 감았다. 책을 한 묶음 가슴에 끌어안고는 거실로 들어가 소파에 앉았다.

무릎 위에 책을 올려놓고 멀거니 내려다본다. 한 권을 들고 앞뒤 표지를 훑어보고는 첫 장을 넘겼다. 미소를 머금은 사진이 눈에 띈다. 책장을 넘겨 책을 내면서의 머리말을 읽으며 떨림과 아쉬움이 엉켰다. 남편 사진 앞에 책을 세웠다.

'내 책이야.'

뜨거워 오는 눈시울을 껌벅이며 입술을 깨물었다.

아이들이 결혼을 하면서 우리 곁을 떠나고 둘이서 살면서 나이를 먹나 싶더니 졸지에 남편이 하늘나라로 가 버렸다. 슬픔이 커지며 외로움이 쌓여가면서 할 일이 없어졌다. 오랜 무료함 속에서 할 일을 찾아보려고 눈을 떴다. 딱히 잘하는 것이 없어 생각 끝에 글을 써볼까 하고 수필교실에 입문했다. 어정쩡하게 시작했으나 좋은 교수님의 가르침으로 해를 거듭할수록 글쓰기가 조금씩 자리가 잡히는 것 같았다. 미비한 수준이지만 작품이 쌓이기 시작했다. 그런 와중에 문우들의 수필집을 선물 받았다. 손에 들어온 책을 읽으며 실려 있는 글들을 헤아려보니 대충 40편 정도였다.

어느덧 오십 편에 가까운 작품이 모였다. 책을 만들 정도의 수준이 아님을 인정하고 책을 발간하겠다는 마음을 감히 먹지 못했다. 언뜻 나도 남편처럼 갑자기 세상을 떠날 수 있다는 생각이 가끔씩 떠오르곤 했다. 혹시나 하는 마음에 내 글을 정리해 보기로 했다.

막연하게나마 책을 만든다는 생각으로 한 작품씩 꼼꼼히 들여다보며 차분하게 정성을 들였다. 오랜 시간을 거쳐 마무리가 되어가면서 교수님께 작품 평을 써 주시겠느냐고 여쭈었다. 기꺼이 허락해 주셨다. 두려움 속에서 글을 정리하지만 설레기도 하였다. 사진을 준비하는 일, 머리글을 쓰는 일, 표지를 고르는 모든 일이 처음이어서 벅찼으나 서두르지 않고 차근차근 준비해 나갔다. 거의 완성되어 갈 무렵 책 제목을 정하는데 어려움이 많았다. 준비한 몇 가지 이름으로 오래도록 들여다보며 고심하였다. 드디어 ≪겨자씨 한 알≫의 수필집이 꿈처럼 탄생했다.

신기하고 뿌듯한 마음으로 현관에 쌓여진 책더미 위에 앉아 보았다. 바닥에 쭈그리고 앉아 책 위에 턱을 고이고 수필집을 바라본다. 기쁨을 같이 나누고 싶은 남편은 없지만 순조롭게 책이 나올 수 있게 경제적인 여건을 만들어 준 남편의 배려가 고마웠다.

책을 나누는 일도 만만치 않았다. 영어 교사로 재직하다 퇴임한 후배와 출판사에 다녔던 자부에게 먼저 책을 건넸다. 단어나 맞춤법 틀린 곳이 있는지 눈여겨보라고 일렀나. 우편으로 여러 곳으로 발송하면서 직접 나누기도 하는 기쁨의 연속이었다. 연신 나누고 있는 바쁜 와중에 답신이 오기 시작했다.

정년퇴임한 남자 동창 교수님이 발송 다음 날 정오경에 제일 먼저 핸드폰을 울렸다. 글을 쓴다는 얘기를 전혀 듣지 않아 생각지도 못한 생소한 일이라 책을 받은 즉시 먼저 축하한다면서 다 읽은 후 다시 연락하겠다고 한다. 그 후로 전화, 문자, 메일이 오가는 기쁨과 감격의 연속이었다. 하나같이 문학인이 아닌 아마추어의 책을 받고 놀라워하면서 최고의 덕담들을 보내왔다.

노 권사님 한 분이 전화를 하였다. 권사님 고향이 청도인데 고향에 대한 글을 읽으니 희미했던 옛일이 간절해 남편을 졸라 청도로 한번 가기로 약속했다며 울먹인다. 가을에 가서 잘 익은 홍시를 구입하여 한 상자 보내겠다며 금방 웃는다. '자린고비의 하루'를 실천해 보고 싶다는 장로님, 더도 덜도 말고 이대로 써서 겨자씨 두 알의 2집을 기다리겠다는 목사님의 덕담, 겨자씨 한 알로 뿌리내려 겨자밭을 이루라는 넉넉한 마음을 담은 사랑도 전해온다. 어머니 생각에 산소에 가기로 했다는 친구, 머리글이 작가의 따뜻한 마음과 같다고 생각했는데 수필도 한결같이 성품과 같다면서 우리가 친구인 것이 자랑스럽다는 과한 칭찬을 보내온 친구도 있다.

대학 시절 인천 자유공원 맥아더 장군 동상 앞에서 경례를 올렸다는 남자 동창, 그때 우리가 만났어야 했는데 아쉽다는 너스레, 책 속의 물의 본성을 그대로 베껴 자기도 생활의 모토로 삼고 싶다는 고등하고 국어 교사 동창의 정감 어린 글도 실려 왔다. 고등학교 교장 출신 남자 동창의 '책 받았음 은행 계좌번호 적어 주시오.'라는 문자도 받았다. 현금 10만 원을 송금하고는 사진이 잘 나와서 사진값이라는 정감 넘치는 우스개로 마음이 따뜻해진다.

책의 내용도 다양하지만 저마다 전해오는 답신들의 다양함에 놀라지 않을 수 없다. 사람들의 재능이 다르듯이 같은 책 같은 내용의 글을 읽었는데 비슷한 느낌을 적은 내용은 거의 없다. 그래서 세상은 각각 다른 일을 하는 사람들로 밸런스를 맞춰 나아가는 것 같다. 전해오는 글들이 다르지만 부족한 글을 읽어 주어 고맙고 정감 어린 사랑으로 넘치는 칭찬의 나눔에 감사할 뿐이다.

고등학교 교사인 큰애 학교 국어 선생님이 수필집을 들고는 직원실에 들어서며 광화문 교보문고에 가보란다. 신 출판 서적 코너에 전시되어 있어 구입했다고 하면서 부럽다고 하였단다. 수업을 마치고 남편과 함께 문고에 들러 부부가 책을 들고 찍은 사진을 딸이 전송하였다. 대학에 다니는 손녀도 문고에 전시된 책을 보고는 한 권 구입하면서 우리 할머니가 쓴 수필집이라며 직원에게 자랑하면서 책이 많이 팔렸느냐고 물었다고 한다. 책더미 속에 진시된 책을 찍고는 가슴에 수필집을 치켜세워 안고서 함박웃음을 지은 사진이 전송되었다.

글을 쓰면서 많은 일과 많은 분을 만났다. 어머니를 생각하며 불효했던 부모님께 가슴 아파했으며 존경하는 분들을 떠올리며 감사를 드리기도 했다. 친구들과 주위의 여러분들에게 마음으로 전화로 사랑을 전하며 앞으로는 따뜻하게 살겠다고 다짐해 본다.

연말을 맞으며 예상 못한 일이 일어나 행복하고 의미 있는 한해이기도 했다. 책을 발간한 일도 중요하지만 나눔과 돌아오는 사랑의 선물을 받는 기쁨 속에 한해를 마무리짓는다. 내 생애에 가장 뜻깊고 보람된 일이었다며 마음속 깊이 새기며 혼자 미소 짓는다.

늦게야 서서히 기쁨이 다가오면서 그동안의 삶을 짚어 본다. 과욕을 부리지 않았으며 허덕이지도 않고 나름대로 조용히 진실되게 살려고 노력한 것 같다. 그런 생활 속에서 생각지도 못한 과분한 일이 일어났다. 푸른 말이 나에게 행운을 안겨 주나 싶더니 '2014년 우수도서'로 선정되어 나를 태우고 높이 뛰어 주기까지 하였다.

새해를 맞았다. 을미년 푸른 양은 나를 어디로 이끌지 다소곳이 기다리며 겸허하게 살아가겠다고 다짐한다.

그 일 후

2017년 12월 한해를 마무리 지으려 한다.

2014년 4월 ≪겨자씨 한 일≫ 수필집을 발간했다. 그 일이 나에세 큰 기쁨을 주었고 예상치 못한 새로운 길도 열었다. 문공부에서 선정하는 우수도서를 그해부터 세종도서가 인수하였다. 영문도 모른 채 나의 수필집이 '우수도서'로 선정되었다.

'2014년 세종도서 문학나눔' 직인이 찍힌 수필집 1,000권을 인쇄하여 전국 각 도서관에 배포한다고 한다. 나에게도 30권을 보내 주었고 소액이나마 인세도 받았다. 생소하고 쑥스러웠지만 기뻤다. 전문적으로 글 쓰는 문학인도 아니고 문학에 관한 일을 해 본 일도 없는 문외한인 나에게 이런 엄청난 일이 일어났다. 수필집을 발간한 일 년간은 바쁜 와중에 나는 무척 행복했다. 경험하지 못한 새로운 어색함과 환희 속에 한해를 마무리지으려 했으나 우수도서 선정으로 인해 기쁨은 한 해 더 이어졌다.

2015년 봄 청주에서 메일이 왔다. 본인은 청주에 사는데 도서관에 ≪겨자씨 한 알≫ 수필집이 도착하여 읽었다고 한다. 이틀간 읽고는 2주간 넘게 행복했다고 하였다. 우수도서로 선정됨을 축하하고 수필집을 저희 문화도서관에 보내 주어 고맙다고 하였다. 본인은 가정주부로 시를 쓴다고 한다. 앞으로 더 좋은 글 많이 쓰라는 격려도 아끼지 않았다. 나는 고맙다는 답례의 문자를 보냈다. 주소를 적어 주시면 책을 한 권 보내드리겠다고 덧붙였다.

그분에게 책을 보내고 두어 달 지났을까, 횡성이라는 곳에서 메일이 왔다. 본인은 60대를 훌쩍 넘겨 일흔에 가까운데 도시에 살다 남편이 세상을 뜬 후 친정인 횡성에 이사하여 산다고 한다. 마을 도서관에서 ≪겨자씨 한 알≫ 수필집이 있어 읽었다고 한다. 작가님의 글은 읽기 쉽고 너무 따뜻하여 위로와 함께 행복을 안겨 줬다고 한다.

수필집 글이 부족함이 많은데 잘 읽어 주셔서 고마운데 칭찬까지 아끼지 않으니 몸 둘 바를 모르겠다고 답신을 보냈다. 주소를 주시면 책을 보내드리겠다고 하였다. 그러면 너무 고맙겠다면서 주소를 적어 주었다. 기쁜 마음으로 책을 보내드렸다.

가을에 뜻하지 않은 감자 택배가 왔다. 어디서 왔느냐고 물으니 택배 아저씨는 “정수자 씨 맞아요?” 하고는 사인을 받고 후딱 가 버렸다. 발신인 주소를 보니 횡성이었다. 20kg 큰 감자 상자를 들려니 너무 무거워 꿈쩍을 않는다. 내 힘으로는 도저히 어쩔 수 없었다.

나는 어찌해야 할지를 몰랐다. 당황스럽고 고마움에 어리둥절하였다. 먼저 감자 도착했다고 문자를 보냈다. 조금씩 몇 번 나르고 상자에 그대로 많이 남겨 두었다. 이 무거운 걸 어떻게 보냈을까 생각하니 가슴이 뜨거워 온다. 마음을 가다듬고 저녁에 다시 전화를 하였다. 별 것 아닌 책으로 너무 힘든 일을 하셨다면서 잘 먹겠으며 고맙다는 얘기를 거듭거듭 하였다. 횡성에는 감자가 많으며 맛이 있다고 하면서 힘들이지 않고 전화로 주문만 하면 된다고 한다. 오래 두어도 썩지 않는다고 하면서 횡성에는 소고기도 유명하다면서 시간되면 횡성에 한번 오라는 얘기도 덧붙였다. 감사하다는 인사로 내 마음 오래오래 따뜻했다.

낙엽이 예쁘게 물들어가는데 뜻밖의 문자가 왔다. 도서관에서 ≪겨자씨 한 알≫ 수필집을 빌려 읽었다고 한다. 마음이 편안해지며 감동이 오래도록 지속되어 한 자 올린다고 한다. ‘작가님은 나이도 있는 것 같은데 어찌 이렇게 순수한 마음을 지녔으며 재미있는 글을 쓸 수 있어요?' 한다.

문자를 받고는 과찬에 고맙다면서 책 한 권 보내드리겠으니 주소를 적어 달라고 하였다. 대학에 다니는 딸아이에게도 읽히겠다며 무척 고마워한다. 받은 주소로 수필집 2권을 보냈다. 보름 넘게 지나자 김 한 상자가 배달되었다. 정말 어이없는 일이었다.

겨울이 오나 싶더니 책이 한 권 왔다. ≪청주 문학≫으로 청주분이 보냈다. 책의 목록을 읽으니 그분의 시가 실려 있다. 반가웠다. 시를 읽고는 잽싸게 글을 보냈다. 문예지를 보내 주어 고맙고 시도 잘 읽었다고 하였다. 우리는 수시로 문자도 보내고 가족 사진도 받았다.

우수도서는 소도시 도서관에만 배부되나 했는데 대도시에도 보내졌다. 2년이 지난 후 대구에서 전화가 왔다. 동네 도서관에서 수필집 책이 예뻐서 뽑아보니 작가 사진이 어릴 때 옆집 친구와 비슷해서 전화를 한다고 한다. 혹시 대구에 살았냐고 묻는다. 여덟 살까지 삼덕동에 살았다니까 자기와 같은 동네가 아니라고 한다. 자기는 소설을 선호해 소설만 읽는데 수필집을 읽어 보겠단다. 일주일 후 ≪겨자씨 한 알≫ 수필집을 잘 읽었다는 전화가 왔다. 수필집을 처음으로 읽었는데 간편하게 읽을 수 있고 감동으로 마음이 넉넉해지는 것 같다면서 앞으로 수필집도 읽겠다고 한다. 문자로 주소를 알아 책 한 권을 보냈다.

문학에 늦게 입문하여 글을 쓰다 겨우 수필집 한 권을 발간한 초보 중의 초보다. 그 책이 내게 생각지도 못한 소소한 기쁨을 연이어 안겨준다. 글의 흉내도 낼 수 없는 초보자에게 베풀어 주는 융숭한 대접에 어안이 벙벙하다.

글을 쓰는 문학인들은 자기들을 빗대어 글쟁이라고 한다. 그분들이 지겨워하지 않고 평생 글 쓰는 작업을 하는 이유도 조금은 알 것 같다. 고독과 자신과의 힘겨루기에 얻어 낸 창작품은 독자들에게 감동과 정서적인 안정을 주며 때로는 세상을 새롭게 움직이게 하는 원동력이 되기도 한다. 우리가 알지 못하는 글쟁이라는 자존감으로 보람을 느끼며 행복에 젖을 것이다.

나의 독자분들과 가끔씩 소식이 오갔으나 3년이 가까워 오는 요즘 거의 소식이 뜸해졌다. KBS 우리말 겨루기에 출연하여 일등을 하였다면서 11월 어느 날 청주 분에게서 문자가 왔다. 반갑고 놀라워 흥분으로 얼굴이 달아오른다.

기다리던 방송이 시작되었다. 자리를 잡고 앉아 TV를 경청한다면서 문자를 보냈다. 고맙다는 답이 왔다. 그간 글로만 얘기하다 화면으로 모습을 보니 외모도 준수하고 나이보다 훨씬 젊어 보였다. 너무 예쁘다고 문자를 넣었다. 부끄럽다고 한다. 방송이 끝나자 한 문제의

실수로 달인이 되지 못하고 일등으로 끝이 났다. 아깝다는 말과 함께 일등 축하를 보냈다. 그 어려운 문제를 푼다고 수고 많았다며, 장하고 자랑스럽고 마음 조아리며 방청석에 앉아 계시는 남편분께도 축하를 보낸다고 했다.

저물어가는 한해를 보내며 조금은 아쉬웠는데 따뜻한 소식으로 차분하고 온전한 마무리를 짓게 되었다. 횡성과 진도, 대구에도 저무는 해와 다가오는 새해 소식을 전해야겠다. 책을 좋아하는 분들과 환희에 찬 힘차고 찬란한 새해를 맞고 싶다. 수필집 발간으로 이렇게 큰 기쁨과 감사의 원천이 되리라고 생각 못 했다. 글쓰기란 남은 나의 생애에 보람찬 길잡이인 것 같다.

라일락과 함께

남천동에서 가까운 용호동으로 이사를 하였다. 크리스마스를 앞둔 추운 겨울날의 이동이었다. 날씨 관계로 남편과의 수발 산행은 당분간 보류상태였다. 첫봄을 맞았다. 간편한 운동으로 황령산 오르기는 거리 관계로 그만두고 가까운 장자산에 오르기로 하였다.

어느 토요일 이른 아침 남편과 장자산으로 향했다. 초행길이라 호기심으로 사방을 두리번거리며 아파트 경내를 벗어났다. 건널목을 건너 모퉁이를 돌아서는데 꽃향기가 바람에 날아온다. 눈을 크게 뜨고 바쁘게 길 따라 간다. 보랏빛 꽃망울이 조롱조롱 매달린 라일락이 피어 있다. 라일락이다. 반쯤 핀 꽃에게 달려갔다. 눈을 감고 숨을 크게 들이쉬며 향내를 맡는다. 만져보기도 아까운 꽃 가까이 얼굴을 들이밀어 볼에 비비어 보고 입맞춤도 해 본다.

어머니가 떠오른다. 라일락과 어머니는 전혀 어울리지 않는다. 해맑고 소녀의 꿈을 한껏 키워 주었던 도시적인 보랏빛과 순순한 어머니와 전혀 이질적이다. 그러나 내 라일락에는 어머니가 곁에 있다.

대학 입학으로 처음으로 집을 떠났다. 입학과 동시에 학교 기숙사에 입사하여 대학 생활이 시작되었다. 기존 기숙생인 생면부지의 상급생 언니와 동급생 한 명이 한방에서 어색한 생활을 시작했다. 한 옥타브 높은 서울 말씨에 말끔하고 세련된 옷매무새의 서울 학생들과의 만남은 신경을 곤두세우게 한다. 교수님의 표준어 수업을 받는 강의실은 긴장과 호기심으로 가득한 분위기였다. 더 넓은 교정에서 강의실도 제대로 찾을 수 없는 혼란 속의 학교생활은 주눅 들기에 안성맞춤이었다. 낯설은 객지 생활에 쉽사리 적응하기 힘들었다. 한달이 지났을까. 보고 싶은 어머니와 간절한 가족 생각에 학교마저 그만두고 싶었다.

수업을 끝내고 어머니 생각에 울적한 마음으로 기숙사로 향했다. 어둑한 복도를 지나 방문을 열고 설렁한 방에 들어섰다. 꽃향기 같은 은은한 향내가 코끝을 찌른다. 온 방에 퍼진 향긋함이 얼굴에 와닿는다. 고개를 들고 창밖을 보니 비스듬한 언덕바지에 보랏빛 꽃망울이 보인다. 신기하게도 방울방울 매달린 꽃송이가 피어있다. 오월의 찬란한 햇빛을 받으며 싱그럽기 그지없다. 라일락꽃이 내뿜는 진한 향기가 열려진 창문으로 스며들어 온 방을 뒤덮는다. 수업을 끝내고 먼저 돌아와 책을 읽고 있던 상급생 언니가 라일락이라며 향기가 좋아 창을 열어 두었다고 한다.

냄새에 민감하여 화장품 사용에도 어려움을 겪는 나지만 라일락 향기가 코끝을 간지럽혀도 전혀 거부 반응이 없다. 눈과 마음을 황홀케 하였다. 학생 문예지에 소녀의 순수함을 상징적으로 등장시키는 꽃, 소녀의 꿈을 키우는데 나래를 펴 주는 라일락, 수줍음으로 얼굴 붉히며 어설픈 풋사랑을 꿈꾸게 하는 마음의 꽃이다. 어렴풋하게 그려보았던 꽃보다 훨씬 상큼하고 청순하다. 청초한 꽃망울이 소녀의 상징적인 꽃이 되었음을 알 것 같다. 창으로 고개를 내밀며 눈을 감고 깊은 숨을 들이마신다. 울고 싶도록 보고 싶고 가고 싶은 어머니와 집 생각으로 가득한 나를 꽃이 위로해 주었다.

다음 날 아침 일찍 일어나 창밖을 내다보았다. 날이 채 밝기 전 어스름한 어둠 속에 영롱한 아침 이슬처럼 방울방울 보라 송이가 매달려 있다. 라일락의 싱그러움은 어떤 말로도 표현할 수 없고 꽃송이를 어루만지며 뺨에 비벼보고 싶지만 손이 닿지 않는다. 라일락 이야기로 울먹이며 어머니께 편지를 썼다. 오월이면 라일락꽃과 향기로 어머니와 집 생각을 이겨냈다. 오랜 세월이 지난 지금 어머니와 옛일이 그리워진다.

남편에게 기숙사 라일락을 얘기하며 산에 올랐다. 종일 기숙사 뒷동산의 보랏빛 꽃송이가 어른거린다. 라일락이 만발한 5월 30일은 개교기념일이다. May day 행사로 운동장 푸른 잔디밭에 화려하고 근엄하게 거행되었던 May Queen 대관식이 떠오른다. 소녀 시절의 라일락은 꿈이었고 선망의 대상이었다. 대학 생활의 라일락은 집과 그리운 어머니였다.

졸업 후 부산에 살면서 라일락을 본 일이 별로 없었다. 꽃은 볼 수 없었지만 잊을만하면 가끔 한 번씩 생각나곤 했다. 50여 년이 지난 지금 나는 많이도 변했다. 기숙사 라일락은 수줍게 홀로 그대로 있는지 얼마나 자랐는지 생각은 끝이 없다. 지금도 5월이면 보랏빛 향기를 뿜으며 쓸쓸한 지방 학생들의 마음을 달래 줄 것이다. 라일락에게 위로를 받으며 그리움 속에 꿈을 키우는 그들에게서 라일락도 큰 사랑을 받을 것이다.

이기대 라일락을 본 후 겨울이 지나면 바쁘게 봄을 기다린다. 장자산에 오르며 이른 봄부터 앙상한 가지만 남은 라일락에 눈길을 보낸다. 움이 돋고 새싹이 돋으면 바쁘게 보라의 꽃망울을 터트릴 것이다.

나도 라일락을 닮아가는 청순한 옷차림으로 단장해 보고 싶다고 남편에게 얘기한다. 기숙사 언덕 어머니의 라일락이 어느새 남편과 정다운 얘기를 나누는 라일락으로 변해간다.

시간이 흐른 지금 라일락과 단둘이서 봄을 맞는다. 찬란하지도 슬퍼하지도 않겠노라고 약속하며 말없이 묵묵히 함께할 것이다. 라일락은 항상 내 곁에 두고 떠나보내지 않겠노라고 다짐한다.

삶에는 영원한 것이 없다. 소녀시대의 라일락은 수줍음 속에 남몰래 풋풋한 첫사랑을 꿈꾸는 설렘이었고 어머니의 라일락은 그리움으로 다가오는 고독과 외로움을 토닥여주는 꽃이었다. 남편과 봄을 맞으며 다가오는 라일락은 따뜻한 추억의 향기였다.

제2부

친절도 애국이다

군화 여섯 켤레

육군 장병 여섯 명이 현관에 들어섰다. 이등병 계급장이 붙은 군복을 입고 바른 자세로 "충성!" 경례를 올린다. 얼떨결에 인사를 받고는 "어서 오세요." 절을 꾸뻑하고 엉거주춤 섰다. 조용하던 현관이 군화를 벗는다고 법석이다. 대한민국 육군 이등병들의 어엿한 모습들이다.

서울에 살고 있는 외손자가 마침내 육군에 입대할 날이 왔다. 대학 2학년을 마치고 군 입대를 위해 휴학계를 냈다고 한다. 1월에 입대한다면서 방학 동안 친구와 인도를 거쳐 주변 국가로 15일간 여행을 떠났다는 소식도 들었다.

1월 17일 가족과 함께 논산훈련소로 향했다. 입대하는 석문은 큰 딸의 둘째 아들이지만 가족과 할머니 입장인 손자 서열에서 현역군인으로는 1호이다. 형인 큰손자는 무릎 인대수술로 논산 훈련소에서 훈련만 받고 구청에서 보충병으로 근무하였다.

구름떼같이 모여드는 무리에 우리도 합류했다. 인파에 묻혀 걸으니 어깨에 힘이 주어지며 고개가 빳빳해진다. 국방의 의무를 수행하기 위해 입대하는 손자를 가진 잘난 할머니라고 어깨가 우쭐거린다. 엄마는 연신 눈물을 훔치지만 나는 내 손자 입대한다고 외치고 싶을 만큼 장하기만 하다. 입대생들이 모이는 운동장으로 내려가는 손자를 보니 그때야 나도 눈물이 났다. 부대에 잘 적응하여 무사히 끝내주기를 바랄 뿐이다.

입대한 다음 날 1년 중 가장 기온이 낮아 말조차 하기 힘들 정도의 추위였다. 훈련 중 동상이라도 걸리면 하는 걱정이 앞선다. 엄마는 부엌에서 연신 눈물을 흘리며 훌쩍인다. 훈련을 무사히 끝냈다는 소식이 전해왔다. 훈련을 끝내고 배치를 받을 무렵 한 조에 서너 명씩 뽑아 특별한 곳으로 배치를 받는다며 한 달간 재훈련을 받는다고 한다. 배치받은 곳이 진해였다. 진해는 해군기지로 해군만 주둔하는 곳으로 알고 있었는데 힘없는 할머니지만 내 곁에 오니 반갑고 안심도

되었다.

진해에 배치받아 복무한 지 4개월이 지난 어느 날 부대 대원 다섯 명과 부산으로 1박 2일 외출을 나왔다. 잠은 할머니 집에서 자겠다는 일방적인 통보였다. 꼼짝없이 맞이할 수밖에 없지만 내심 반가웠다. 장병 여섯 명을 맞는다는 기대에 뿌듯하다 못해 흥분이 되기도 하였다.

밥은 몇 끼를 먹는지 무엇을 어떻게 준비해야 할지 설렘 속에 연락 오기만 기다린다. 딸은 힘들지 않겠느냐며 연신 걱정 전화다. 부산떨지 말라며 안심시켰다. 두 끼 먹을 정도의 음식을 나름대로 최선을 다해 준비하였다.

D-day, 토요일이 되었다. 10시경에 손자 혼자 온다는 전화가 왔다. 진해에서 8시 30분에 여섯 명이 출발하여 부산에서 각자 헤어졌다가 2시에 다시 만나기로 했단다.

손자는 들어서자 사복으로 갈아입고 백화점에 가잔다. 시계, 모자를 구입한다니 말없이 따라나섰다. 군에서만 사용할 수 있는 전자시계를 구입하였다. 모자가 필요하다며 검은색 챙모자를 골랐다. 티셔츠, 바지도 한 벌 사주겠다니 셔츠만 사고 바지는 시간이 없어 다음으로 미루잔다. 점심을 먹자니까 대원들과 같이 먹기로 했단다.

경성대 지하철에 모여 이등병 계급장을 단 군복을 입고 다 같이 기념사진 찍기로 했다고 한다. 사진을 찍은 후 모두들 우리 집에 와서 사복으로 갈아입고 짐을 두고는 바닷가로 나가 점심을 먹는다고 한다.

혼자 힘으로 들 수도 없는 큰 수박을 들고 군복 차림으로 들어서는 군인을 보니 가슴이 벅찼다. 경례를 올리며 예의를 갖추더니 곧 사복으로 갈아입고 차려놓은 과일과 빵, 음료수를 마시고는 총알같이 나간다. 느닷없이 5시경에 들어왔다. 광안리 바닷가에 사람들이 별로 없고 덥기도 하여 저녁노을경에 나가겠다고 한다. 간식을 준비하는 동안 샤워를 한다면서 안방 욕실에 두 명 바깥 욕실에 네 명이 동시에 들어가더니 한달음에 끝내고 거의 같이 나온다. 놀라 바라보니 그들은 천연스럽고 나 혼자 놀랄 뿐이다.

간식을 먹으며 밤새워 놀겠다면서 스케줄 잡기에 바쁘다. 부산 태생이 아닌 다른 지방 아이들이라 밤바다를 생각하니 마음이 들뜨는 모양이다. 해 질 무렵 기대에 가득 찬 얼굴로 외출을 하였다. 무엇이 국군 장병들의 마음을 들뜨게 하는지 모두들 잰걸음으로 집을 나선다. 잘 다녀오라고 배웅했다. 군화 6켤레가 제멋대로 흩어져 있는 현관은 젊음의 혈기로 가득하다. 가지런히 정리하며 그들의 부모님들을 떠올려 본다. 코끝이 찡해 온다.

두 빈방 침대와 서재에 잠자리를 마련해 두고 기다려도 감감하다.

늦게 잠자리에 들었으나 새벽이 되어도 돌아오지 않는다. 나는 교회 새벽기도 드리고 사우나를 마치고 8시경에 돌아오니 모두들 자고 있었다.

군인들은 하나같이 행동을 같이한다. 정오가 되어도 일어나지 않는다. 오후 한 시가 되어서야 부스스 눈을 뜬다. 한 명이 일어나니 약속이나 한 것같이 모두들 줄지어 일어난다. 화장실에도 한 명씩 들어가지 않고 우르르 들어간다. 양치 세수를 동시에 하고 나와 옷을 입는 것이 일사불란하다. 부대 안에서 그들의 생활이 그런가 보다 생각하며 덩달아 나도 급하게 밥상을 차렸다.

식사는 천천히 해도 된다고 일렀다. 모두들 씩 웃었다. 후식으로 커피 찾는 사람은 한 사람뿐 주스와 과일에 손이 간다. 행동에는 모두가 일사불란하지만 기호품 선택에는 규칙이 없는지 제각각이다. 소년티를 갓 벗은 청소년이라 자유분방하고 야단스러울 것 같은데 차분하고 조용하다. TV도 보지 않고 어젯밤 얘기로 웃으며 즐거워한다.

막간의 시간을 이용해 이기대 앞바다에 가자고 권유했다. 세 명은 택시를 이용하고 세 명은 내 차로 움직였다. 눈앞에 펼쳐진 오륙도를 바라보며 저마다 섬을 세어 보며 재미있어 한다. 섬을 기점으로 오른쪽은 남해이고 왼쪽은 동해라 하니 신기해하며 놀란다. 스카이다리를 걷게 하였다. 많은 사람의 사랑스러운 눈길을 받으며 호기심 속에 걷는 그들의 모습에 뿌듯해지며 아름답게 보였다.

대한민국 국민의 4대 의무 중 국토방위의 의무를 지키기 위한 장병들의 모습이 고맙고 믿음직스럽다. 가정에서는 부모님들의 희망이며 나라에는 장래를 책임질 일꾼들이다. 마음 같아서는 훈장이라고 주고 싶다. 돌아갈 시간이 되었다. 쳐다보아야 눈을 맞출 수 있는 일등 국민 장병들을 일일이 껴안고 고맙다면서 등을 토닥거렸다.

대한민국의 지킴이로 맡은 임무를 잘 이행하여 영광스럽게 제대하기를 바란다. 현관에 들어서면 아직도 눈앞에 여섯 켤레의 군화가 어른거린다.

UN 평화공원

한둘의 산행이 유엔평화공원으로 잡혔다. 한둘은 고교 동기동창 산행모임이다. 회원 한 분이 유엔공원 운영 부이사장에 취임하였다. 어느 봄날 그의 초대로 한둘 회원들은 기대와 설렘으로 공원을 찾기로 했다.

대연 지하철역 만남의 장소에 모였다. 유엔공원까지 멀지 않은 곳이라 회원들은 소풍 가는 기분으로 가볍게 걸었다. 공원에 들어서자 잘 정돈된 주변의 정적에는 엄숙함마저 깃들어 있다. 하늘을 치솟는 메타세쿼이아나무들 사이로 만들어진 좁은 길을 숨을 깊이 들이키며 천천히 걸어 들어갔다. 숲을 지나니 파란 잔디밭이 펼쳐진다.

영정들의 묘비가 줄지어 있는 잔디밭에 만들어진 무덤은 조용하기만 하다. 흐트러진 옷매무새를 고치고는 각국 나라별로 세워진 묘비를 존경과 애틋한 마음으로 바라보며 조심스레 걷는다. 싱그러운 봄기운을 마음껏 들이마시며 잘 가꾸어진 푸름의 샛길을 걷지만 나란히 새겨진 묘비들의 이름들이 엄숙하게 만든다.

세계 역사에는 동족 간의 다툼도 있고 나라 간의 전쟁도 있었다. 전쟁은 인간이 생존하는데 절대 필요한 것인지 성경에도 격렬한 전쟁 이야기가 많이 있다. 우리나라 역사 속에도 많은 전쟁이 있었지만 6·25 남북전쟁은 내가 직접 겪은 전쟁이다. 학교 교정은 미국 군인들에게 비켜 주었고 일선에 간다며 많은 군인이 기차를 타고 가기도 했다. 북한과 서울에서 내려온 피란민으로 부산이 비좁을 정도로 복잡했으며 밤에 야간 공습경보기가 울리면 집집마다 불을 끄고 사방을 캄캄한 암흑천지로 만들었다. 초등학교 4학년이었던 나는 초읍동 야산 들판에서 공부를 하였다. B29비행기가 굉음을 내며 하늘을 날면 비행기의 크고 웅장함에 놀라 공부하다 선생님과 함께 비행기를 바라보았다. 군복을 입은 군인들을 보았고 처음으로 미국 군인들도 보았다. 고요한 아침의 나라가 아수라장이었다고 기억된다.

한국이라는 조그만 나라의 동족 간의 전쟁에 세계 여러 나라들이 많은 물자와 병력을 원조해 주었다. 세계 젊은이들이 가족을 뒤로하고 조국을 떠나 이름도 모르는 동족 간 싸움에 끼어들었다. 누구를 위한 전쟁인지 알지도 못한 채 아깝게 목숨을 바친 싸움이었다. 전사한 장병들은 사랑하는 부모 그리운 나라를 떠나 먼 이국의 땅에 나그네처럼 누워 있다.

몇 년 전 오스트레일리아의 한 미망인이 하늘나라로 가면서 그의 남편 곁에 보내 달라는 유언을 남겼다. 그분의 남편은 군인으로 한국전쟁에 참전하였다. 유언에 따라 유엔공원 묘지의 남편 옆에 안장되었다. 아들이 어머니의 영정을 안고 유엔공원에 도착하여 아버지와 합장하는 뉴스를 보았을 때 마음이 아팠다. 전쟁을 직접 겪은 국민인 나는 평생을 자녀들과 남편의 보호 아래 평안히 살았는데 그 부인의 힘들었던 일생을 생각하니 부끄럽고 죄송하였다.

홍보관 입구에 이르러 안내원을 따라 홍보관 내부로 들어갔다. 영상실에 마련된 한국전쟁과 유엔공원 조성의 영상물을 보았다. 16개국이 육해공군을 파송해 주었고 더 많은 나라들이 의료와 물자를 원조해 주었다. 잊고 있었던 전쟁과 유엔군들의 업적을 보면서 전사한 군인들도 생각보다 훨씬 많았다는 것을 알았다. 직원에게 몇 년 전 호주 부인 얘기를 하며 다른 부부 묘가 있느냐고 물었다. 호주 부인이 네 번째라고 한다. 아주 젊은 청년들만의 안식처라고 생각했는데 일

일이 찾아내어 감사의 기도를 드리고 싶다.

나는 평화공원과 가까운 동네에 살고 있다. 평화공원과 인접해 있는 유엔공원을 가끔씩 산책한다. 잘 정리된 잔디 위의 묘비를 들여다보며 감사와 경건한 마음으로 그들의 영혼과 멀리 떨어진 가족들을 위해 기도도 드린다. 다음번에 들르면 부부가 합장된 네 기의 묘를 찾아보겠다고 마음먹었다.

추모탑 앞에 다다랐다. 일렬로 서서 경건하게 묵념을 올렸다. 햇살은 따뜻하게 내리비치고 보드라운 봄바람의 향기가 옷깃을 스치지만 잠들어 누워 있는 장병들의 젊음은 정지되었다. 전쟁을 끝내고 우리나라가 경제 발전으로 부를 이루고 자유와 평화 속에서 살아가고 있음은 그분들의 희생이 있어서이다. 근엄함 속에서 일일이 경배드리는 마음으로 묘지를 둘러보았다.

고마움과 아쉬움을 안고 길을 따라 내려오니 귀퉁이에 조그만 인공호수가 있다. 갈대숲에 쌓인 물 위에 백조들이 깃을 내리고 있다. 하얀 백조들의 평안한 휴식을 빌어 무거웠던 마음을 긴 한숨으로 놓아낸다. 모퉁이를 돌아오니 좁다란 인공 개울이 있다. 흐르는 맑은 물속에 크고 작은 금붕어가 한가롭게 노닌다. 고운 빛으로 하늘거리는 물고기의 움직임에 따라 걸으니 몸과 함께 내 영혼까지 평온해지는 듯하다.

돌아오는 길에 묘지를 내려다보았다. 반짝이는 파란 잔디 위에 따스함과 평화로움이 온누리에 퍼지는 듯하다. 묘비 위에 얹힌 봄볕 기운에 어찔한 전율이 일어난다. 유엔 참전 용사들의 고귀한 영혼을 어루만져 주고 싶다. 적막함 속에서도 찬란하게 빛나는 고요함과 평온함이 감동으로 다가온다. 돌아선 내 뒤에서도 새들이 그들의 영혼을 위로하고 꽃들도 은은한 향기로 그들의 혼을 지켜 준다.

친절도 애국이다

전화벨이 울린다. 정적이 흐르는 집안에 유난스레 요란한 울림으로 전해온다. 전화벨 소리에 버금가는 딸의 들뜬 음성이다. 봄방학을 맞아 간단한 여행을 가잔다.

엄마와 여행하고 싶다며 3박 4일 일본 동경이 어떠냐고 묻는다. 찬성한다니까 언제가 좋겠느냐고 한다. 나는 상관없으니 둘이서 의논하여 스케줄이 잡히면 연락하라고 하였다. 수화기를 놓기가 무색하게 마음이 설렌다. 손자들이 춘계방학을 맞아 휴가를 얻으면서 자연스럽게 2월 하순으로 날이 잡혔다. 동경은 남편 따라 여러 번 방문하였으나 딸들과의 여행은 처음이다. 출국일이 결정되어 준비하면서 고맙고 기특한 생각에 여행비라도 전액 부담하고 싶었다.

D-day, 큰애는 인천공항에서 출국하고 작은딸과 나는 김해공항에서 비행기에 올랐다. 나리타공항에 도착하자 짐을 찾아 버스 승강장으로 향했다. 큰애는 30분 늦게 20번 터미널에 도착하여 셔틀버스로 이동한다고 한다. 정류장에 도착하여 조금 기다리니 셔틀버스가 도착하였다. 버스에서 내려 "엄마" 하고 달려오는 딸의 모습에 울컥하였다. 동경 국제공항에서 가족 만남으로 여행의 첫 기쁨을 주었다. 작은애가 급히 공항 역사 내로 달려간다. 전철 티켓 석 장을 구입해 왔다.

동경 시내로 들어가는 전철에 올랐다. 한 시간 넘게 열차를 달렸다. 만남의 기쁨을 나누고 낯선 경치를 구경하며 앞으로의 여정 얘기로 마음이 설렌다. 시내 도착하여 예약한 호텔을 찾아가기 위해 다시 지하철역으로 향했다. 교통편은 모두 작은애가 처리한다. 큰애는 먹는 문제를 해결하고 작은애는 관광 자료와 교통편을 책임지기로 했단다.

나는 그저 함께 다니면 된다고 한다. 두 딸의 대견한 모습에 고개를 끄덕이며 웃었다. 신주쿠역에 내려 지도를 보고 묻기도 하며 예약된 도쿄 게이요 프라자호텔에 도착했다. 로비에 많은 사람들로 붐벼 체크인하는데 꽤 오랜 시간이 걸렸다. 배정받은 3인용 객실은 넓고 앞이 확 트인 쾌적한 방이었다. 가방을 두고는 호텔을 나와 늦은 점심을 먹기로 하였다.

이제는 큰애가 서두른다. 핸드폰을 들고 사방을 두리번거리는 아이들이 자랑스럽고 뿌듯하다. 생선 초밥집에 들러 초밥을 먹었다. 맛도 있고 깔끔하지만 늦은 점심 양으로는 조금 부족하였다. 주위를 둘러보다 그럭저럭 저녁이 되어 관광은 내일부터 하기로 하고 호텔로 들어가 짐을 풀었다.

머리를 맞대고 내일 할 일 준비를 마친 후 저녁을 먹기 위해 호텔을 나섰다. 가로등이 켜진 거리를 누비며 여기저기 기웃거리다 어느 골목에 접어들었다. 큰애 학교 교사의 소개라며 한국식 먹자골목이었다. 손바닥만 한 음식 가게가 다닥다닥 줄지어 있다. 좁고 긴 좌판에 동그란 작은 의자가 메뉴별로 나란히 놓여있다. 우리는 꼬치 가게에 자리가 없어 옆에 서서 꼬치 몇 개씩 먹고는 우동 코너에 자리 잡았다.

젓가락질도 겨우 할 수 있는 사람들 틈새 사이에 앉아 먹는 우동 맛은 일품이었다. 호텔과 그리 멀지 않아 내일 아침도 여기서 먹자면서 호텔로 돌아왔다. 방에 들어와서도 가로등이 켜진 동성 거리를 설었던 흥분이 가시지 않는다.

다음날 본격적인 관광이 시작되었다. 사전 준비를 철저히 하였다지만 미흡하기 마련이다. 핸드폰과 지도를 펴서 모퉁이를 돌 때마다 묻고 또 물었다. 시내에서 왕궁, 도쿄타워를 둘러보고 신궁, 아카사카 사찰을 다녔다. 동경 거리를 딸들과 거닐다니 꿈만 같다.

하라주쿠 젊은이 산책거리인 타게시다 도리거리도 활보했다. 타게시다 도리거리의 젊은이거리에서 줄을 서서 일본 라면을 먹고, 카페에 들러 커피에 피자도 먹었다. 동경 시내와 다르다고 하니 젊은이의 거리라고 한다. 시내와 달리 어딘지 모르게 거리에 운치가 있으면서 신선하고 신비함 속의 현대적인 감각으로 감탄의 연속이었다. 메이지 신궁에서는 두 건의 결혼식도 구경하였다. 한번은 일본 신랑에 미국 신부의 국제결혼식으로 신기하고 놀라웠다. 젊은이와의 동경 관광은 안정되고 편안했던 남편과의 여행과는 전혀 다른 느낌과 긴장 속에 볼거리를 제공해 주었다. 시행착오를 겪었지만 종일 지하철과 버스 이용에 젊은이 산책거리와 골목시장을 누비며 일본 여행은 새로운 감동 속에서 순조롭게 잘 다녀왔다.

우리 세대는 일본에 대해서 조금의 까칠함을 지니고 있다. 그래도 이번 여행에서 배워야 할 것이 하나 있다면 친절이다. 어디에서나 친절은 놀라울 정도다. 지하철역에서 예약한 호텔 가는 길을 찾지 못해 우왕좌왕하다 남자 역원에게 물었다. 공무 중이지만 호텔로 접어드는 입구까지 안내해 주었다. 한번은 저녁식사를 하고 식당 주인에게 지하철역을 물었다. 때마침 주인에게 전화가 걸려왔다. 전화를 받아 잠깐만 하고 수화기를 놓고는 문밖으로 나왔다. 길모퉁이까지 걸어가더니 모퉁이를 돌아 100m 정도 걸으라고 하고는 가게로 돌아섰다.

일본인의 친절은 감동 그 자체다. 어떤 상황에서도 친절은 기본이다. 일본에 대한 찝찝한 마음도 조금 가시는 것 같다. 집에 도착하자 여행길을 생각해 보았다. 먼저 친절이 떠오른다. 미덕 정도의 친절을 벗어나 애국의 거창한 슬로건을 걸고 나도 친절을 실천하기로 마음먹었다. 시간과 돈을 필요로 하지 않는 조그마한 일을 노력해 보기로 결심했다.

교회 예배를 마친 어느 날 서면에서 지하철을 탔다. 국제금융센터역에서 외국인 부부가 올랐다. 지하철 노선 앞에서 지도를 펴고는 노선표와 지도를 번갈아 보면서 얘기를 하고 있었다. 부인이 옆에서 바라보던 나와 눈이 마주쳤다. 눈인사를 하며 옆으로 다가가 어디 가느냐고 물었다. 헤르메스호텔에 간다고 한다. 노선표를 가르치며 여기는 못골역이라 일러주면서 광안역에서 내리라고 하였다. 어디서 왔느냐고 물으니 그리스에서 왔으며 한국은 처음이라고 한다. 나도 그리스를 한번 방문했다며 그리스는 오랜 역사와 훌륭한 문화를 가졌으며 소크라테스가 있는 으뜸가는 나라라고 치켜 주었다. 그분들은 나의 짧은 영어 실력을 모르고 계속 얘기를 한다. 남천역에서 내리며 다시 남천역과 광안역을 짚어 주었다. 광안역에서 바다 편으로 100m 걸어

가라고 일러 주었다. 많은 사람의 눈총을 받으며 외국인에게 손을 흔들어 주고는 내렸다. 가슴이 두근거렸지만 뿌듯했다.

그리스인 부부의 한국 관광이 성공이기를 바란다. 부산과 한국에 대한 좋은 인상에 눈곱만큼이라도 보탬이 되었으면 하는 부푼 마음에 발걸음이 가벼웠다. 친절도 애국이다.

백인제 가옥

서울 북촌 가회동에는 한옥마을이 있다. 서울의 전형적인 기와집으로 북촌의 한옥마을은 규모가 크고 범위도 넓다. 한옥으로 둘러싼 골목길을 누비면 한가로움 속에 평안함을 준다. 볼거리도 많고 기분도 한결 좋아 걷는 것만으로도 어깨가 으슥해진다. 오늘은 특별한 가옥을 보기 위해 가회동을 찾았다.

북촌에 여러 번 갔어도 서울 문화재로 지정된 백인제 가옥이 있다는 것을 처음으로 알았다. 창덕궁 버스 정거장에 내려 건널목을 건너 제법 큰 골목에 접어들었다. 얼마 지나지 않아 잘 다듬어진 석조 계단

위에 사대부가의 격조 높은 솟을대문이 우뚝 서 있다. 대문 위에 '백인제 가옥'이라는 간판이 붙어 그 위용에 눈이 휘둥그레진다.

가회동 한옥마을은 윤보선 전 대통령 99칸 대저택이 특별나고 김활란 총장 주택 등 몇 채의 고급 기와집이 있다. 나머지 가옥들도 잘 보존된 기와집이다. 계단을 올라 솟을대문으로 들어갔다. 양반집들처럼 담을 끼고 문간방이 있으나 문간방이 아닌 높게 잘 지어진 대문간 채가 있다. 마당을 건너 안채 대문이 있다. 입장권을 구입하니 10분 후 안내원이 안내를 한다고 한다. 우리도 기다리기로 하였다.

기다리는 동안 가옥 안내서를 펼쳤다. 백인제 가옥은 1913년에 건립하였다. 근대 한옥의 양식을 고스란히 보존하고 있는 일제강점기의 대표적인 한옥이라 한다. 서성거리며 여기저기 눈길을 돌리며 안내서를 보아도 순수한 한옥이 아닌 개량된 한옥으로 보기 드물게 웅장하고 보존이 잘 되어 있다.

1913년에 한상룡이 건립하여 15년 거주하다 최선익(언론인)이 매입하여 소유권 이전을 하였다. 10여 년 후 백병원 원장 백인제 의사가 매입하여 소유권이 넘어갔다. 백인제 원장이 서거하자 최경진 부인으로 소유권을 이전하면서 서울시에 귀속시켰다. 1997년에 서울특별시 민속문화재 제22호로 지정되었다. 2009년에 서울특별시로 소유권 이전을 하였다. 일반 공개는 2015년 11월에 시작되었다.

안내원을 따라 대문 안으로 들어갔다. 잘 가꾸어진 넓은 정원에 삼면이 높은 유리 창문으로 둘러진 사랑채가 있다. 훤칠하고 세련된 당당함의 위세에 위압감을 느낄 정도다. 처마 끝 기와지붕이 날아갈 듯 날렵하면서도 육중한 무게감과 안정된 품위에 감탄이 절로 나온다.

안채에 들어가니 현대적인 감각이 물씬 풍기면서 한국적인 정갈하고 섬세함을 유지하는 고급스러움이 담겨 있다. 순수한 우리 한옥은 사랑채와 안채가 떨어져 있으나 백인제 가옥은 안채와 사랑채가 복도로 연결되어 있다. 잘 다듬어진 조각마루로 접목된 복도를 따라가니 격자무늬로 운치 있게 세워진 유리문이 동시대의 한옥과 달리 격조 높은 건물이다. 백인제 가옥은 한옥의 아름다움을 유지하면서 현대 양식으로 지어진 거대하고 세련된 한옥이다. 왜색풍을 접목한 구한말 왕족의 저택인가 생각했다.

해설자의 설명으로 한성은행 한상룡 집이라 한다. 은행 총재는 일본인이고 한상룡은 한국 사람으로 전무였나. 사랑채에서 은행의 일로 회의를 하고 잘 가꾸어진 넓은 정원에서 파티를 열었다고 한다. 한상룡은 후에 은행 총재가 되었다. 해설이 끝나자 딸에게 혼잣말로 매국노의 집인가 보다 하니 옆에 있던 해설자가 힐긋 쳐다본다. 미안한 마음으로 눈인사를 하고는 딸에게 입을 쭉 내밀었다.

안내자가 사랑채 안으로 들어오란다. 신발을 벗고 마루에 올라 사랑채로 들어갔다. 마루가 한옥의 마루와는 비교할 바가 아니다. 나무 두께며 반질거림과 짜임새가 예사롭지가 않다. 창가에 서니 북촌마을이 한눈에 들어온다. 위세에 눌림인지 감동인지 한숨을 몰아낸다. 모두들 앉아보라고 한다. 단단하고 정교함과 고급스러운 나무 무늬의 기세에 손바닥으로 바닥을 쓸어 보았다. 마루의 당당함에 놀라 어리둥절할 정도로 정밀하고 현대적 감각으로 지을 수 있었는지 경이롭기까지 하였다.

별채를 거쳐 안채 부엌에 들어갔다. 안일하고 정결함에 입을 열지 못할 정도로 짜임새가 궁보다 더 고급스럽고 웅장하다. 부엌의 규모이며 음식 저장용으로 지어진 다락방 천장, 벽면과 모서리의 단단한 이음새가 예사롭지가 않다. 어느 곳 구석구석 허술함 없이 섬세하게 거대한 집을 지을 수 있는 경제적인 능력과 기술에 감탄하면서 관람은 끝이 났다.

부엌을 거쳐 모퉁이를 돌아 나오며 해설자가 주택을 건립한 사람을 소개하며 나를 쳐다본다. 집을 건축한 한상룡은 이완용의 처남이란다. 백인제 가옥의 건축 재료는 거의 외국 수입품이라 한다. 얼마만한 비용이 필요했는지 상상할 수 없다. 그 많은 경비를 어떻게 충당했는지 마음이 조급해진다. 고개를 흔들며 떨치려 해도 답답함은 내려

놓을 수 없다.

돌아오는 발걸음은 무겁기만 하다. 문화재의 가치는 충분하고도 남는다. 마음을 돌이키려고 해도 머리는 멍해져 온다. 얼굴이 확 달아오르며 한숨이 나온다. 힘이 죽 빠지며 나 자신이 불쌍해진다. 집을 건립하며 거드름을 피우는 권력 앞에서 농락당한 사람들이 떠오르며 수치심으로 고개를 들 수 없다

일제강점기 국민들은 압제에 억눌려 숨도 제대로 쉴 수 없이 살았다. 애국지사들이 독립을 위해 외국 옥중에서 고생하며 고통 속에서 많은 피를 흘렸다. 그런 와중에 이렇게 큰 저택을 건립하다니 마음이 서글퍼진다. 내 아이들은 부모로 인한 억눌림이나 부끄러움을 느끼지 않도록 살게 하고 싶다. 조그만 부분에서라도 나라를 사랑하고픈 마음으로 주먹을 움켜쥔다.

윤동주 문학관

세종문화회관에서 만나기로 약속한 친구를 위해 광화문으로 간다. 세종문화회관 입구 한편에 허름한 나무 벤치가 하나 있다. 벤치 귀퉁이에 청동으로 만들어진 책을 읽는 청년 조각상이 있다. 친구와 만날 때는 특별한 일이 없으면 이곳에서 만난다.

청동 신사는 허리를 쭉 펴고 다리를 꼬고 앉은 꼿꼿한 몸가짐에 머리칼 하나 흘러내리지 않은 헌칠한 남자다. 반듯한 몸가짐으로 여름 한낮 무더위에도 눈이 흩날리는 추위에도 몸을 움츠리지 않고 책을 읽는다. 무슨 책인가 보니 정지용 시집이다. 옆 장에는 시인의 대표 시 '별'이 새겨져 있다. 시집을 읽는 남자 앞에서는 흐트러진 자세를 할 수 없으며 인사를 나누고 싶은 멋쟁이다. 오늘도 청동 신사 옆에 서성거리며 친구를 기다린다.

친구를 만났다. 윤동주 문학관을 가기 위해 청동 신사에게 가볍게 손을 흔들고 광장을 가로지른다. 청동 신사와 인사를 나눈 탓인지 발걸음이 가볍고 우쭐거린다. 정류장에서 버스에 올랐다. 경복궁 모퉁이를 돌아 낮은 언덕바지를 지나 차에서 내렸다. 길 건너 윤동주 문학관이 보인다. 입구에 들어가니 안내원이 작가 일생의 영상물이 있는데 관람하겠느냐고 묻는다. 그러겠다고 하고는 뒤를 따랐다.

좁은 복도를 지나 낡은 철문을 덜컥 열고 들어가는데 좀은 으스스한 기분이다. 안내원이 눈치를 챘는지 침침한 지하로 내려가며 2012년에 물탱크를 개조하여 만들었다고 한다. 스크린도 없고 동그란 나무 의자 몇 개만 한가운데 덩그렇게 놓여 있다. 의자에 앉자 요란하게 철문이 닫히고 안내원은 사라졌다. 스산한 분위기에 둘이서 긴장 상태로 어설프게 앉아 있었다.

고르지 못한 허름한 벽에 영상물이 희미하게 비친다. 시인의 어린 시절 이야기가 감동을 주더니 갈수록 애잔함이 더해진다. 마지막 죽음에는 분노의 절규가 터졌다. 시인은 연희전문을 졸업한 후 일본으로 유학을 갔다. 유학 생활을 하면서 사상이 불손하다는 이유로 일본

경찰에 붙들렸다. 감옥 생활을 하면서 매일 주사로 생체 실험을 받았다고 한다. 해방되기 6개월 전 2월에 28세의 젊은 나이에 요절하였다. 건강하고 천재성을 띤 청년 시인의 처절한 죽음이었다. 감성적이고 따뜻한 성품으로 장래가 유망한 순수한 문학인 윤동주의 잔인한 짧은 생애에 온몸이 오싹해진다.

휘청거리는 걸음으로 영상실 가파른 계단을 올랐다. 생전의 사진과 시인의 시집들이 배치된 작은 전시실로 들어섰다. 치밀어 오르는 울분으로 눈까지 흐려져 사진이 눈에 들어오지 않는다. 건강한 젊은 청년에게 생체실험을 하였다는 일대기의 영상물에 수치심과 치욕감이 뼛속으로 깊이 스며든다. 끝없이 치미는 분노를 한숨으로 토해낸다.

윤동주 언덕으로 올랐다. 시인이 사랑하고 아끼며 자주 올랐다는 인왕산 자락이다. 많은 시상을 떠올렸다는 바위에 앉았다. 건강한 젊은 청년에게 생체 실험이라니 엄청난 충격이 좀처럼 머리에서 가시지 않는다. 다리에 힘이 빠져 일어설 수조차 없다. 완만한 언덕바지건만 바로 걸을 수 없어 언덕 아래 정경을 멍청히 바라만 보며 앉아 있다.

시간이 지나자 조금 안정된 것 같아 동산을 둘러본다. 언덕 위에는 윤동주 시인의 언덕이라고 새긴 바위가 있다. 시인의 대표작 서시를 새긴 표석도 있다. 크지 않은 동산 곳곳에 시인의 혼이 묻어 있다. 우리 젊은이들이 숨죽여 살다 처참한 죽음을 맞을 수밖에 없었던 암

담한 시대가 되살아난다. 우리나라 역사를 짚어본다. 삼국시대 고려를 거쳐 조선시대, 대한민국 탄생을 스치며 무거운 마음이 좀처럼 떨쳐지지 않는다.

일제강점기에는 온 국민이 나라를 사랑하고 나름대로 독립을 위해 일했다. 시련을 겪으며 힘겨웠던 시대를 생각하니 마음이 아프다. 억눌림 속에서 마음껏 펴 보지 못한 젊은이들의 나라 사랑이 애처롭기만 하다. 윤동주 시인에게 죄스럽기까지 하다.

다섯 살 어린 나이에 나는 해방을 맞았다. 8월 15일 해방의 날 어머니는 동생을 업고 대문 앞에 서성거리며 우리들 바깥출입을 금하였다. 저녁에 아버지가 퇴근하셔서 옆집에 살던 일본 사람이 이른 새벽에 흔적도 없이 사라졌다고 어머니와 얘기를 나누었다. 그 후 대한민국이 탄생했고 가난했지만 자유를 누리는 나라가 되었다. 격동의 시대를 거쳤으나 나는 그나마 행복한 시대에 태어났다. 지금은 GDP 11번째로 세계 부자 나라 반열에 맴도는 수준에 이르렀다. 그에 걸맞게 생각지도 못한 호사를 누리고 있다.

나라 사랑을 어떻게 얼마나 했는지 스스로에게 물어본다. 무엇을 했는지 두렵다. 조그만 일에도 나라를 위해 나를 낮춰 본 일이 있는지, 하다못해 이웃을 사랑하고 베풀며 어려운 사람을 품어 주며 살았는지 암담해진다. 지금이라도 애국하면서 보람 있게 살고 싶다. 아주 작은 일이라도 해야 할 것 같다. 할 수 있는 일이 어디에 있는지 찾아야겠다. 주어진 조그만 일에도 먼저 나라를 위하는 길로 최선을 다하는 나의 삶을 이끌고 싶다.

기다림

비가 내린다. 꿈에서도 고대하던 비였다. 장마철에 추적추적 내리는 비는 지겨울 것 같기도 하지만 장마는 우리나라에 필수적인 여름 행사다. 장마에 내린 빗물이 지하에 축적되어 모든 생명체가 일 년을 움직이는 원동력이기 때문이다.

이번 여름 장마는 비는커녕 그 흔한 소나기조차 한번 없이 보내나 했다. 그렇게 애간장을 태우던 날씨가 가을의 문턱에 들어서려는데 비로 바뀌기 시작했다. 번번이 구름으로 비를 대신하던 일기예보였는데 오늘은 새벽부터 비가 내린다.

비를 맞으러 중앙공원에 나선다. 공원이라지만 아파트 중앙에 나무들이 줄지어 있는 아스팔트 사잇길이다. 나무가 우거진 숲도 아니고 길 양쪽 옆으로 잘 심어진 정원수들이다. 그러나 도심지 아파트 생활에서 이 정도의 녹색지도 감지덕지다. 주민들도 같은 마음인지 아침 저녁으로 산책객들이 줄을 잇는다.

처음 이곳에 이사 와서는 가까운 장자산에 올랐다. 요즘은 아파트 단지 내 공원길을 걷는 것으로 운동을 대신한다. 오늘은 산행하는 월요일이지만 우천 관계로 취소되었다. 우산을 받쳐 들고 문밖에 나서니 큰비는 아니지만 기다리던 비로 들뜨던 마음이 느긋해온다. 비 오는 공원을 한껏 숨을 몰아쉬며 걷는다.

메마른 나무들이 화들짝 놀라움 속에 비를 맞는다. 얼마나 반가운지 나뭇잎들이 허겁지겁 물을 먹는다. 굶주렸던 물 먹고 또 먹어 넘치도록 실컷 먹으라는 덕담을 나무에게 보낸다. 바싹 마른 흙바닥이 질벅거릴 정도로 흥건하게 물이 고였으면 한다. 삼라만상이 물에 흠뻑 젖어 갈급함이 없어지기를 바란다. 비의 고마움이 촉촉하게 젖어들도록 느슨하게 공원을 걷는다.

장마철은 지루하지만 정서적으로 낭만을 가져다준다. 추수도 풍성하게 만드는 일등 공신이다. 비만 오면 나는 주택에 살고 싶어진다. 처마 밑에 떨어지는 힘찬 빗줄기가 흙바닥을 폭폭 파들어가는 것이 신기해 박자를 맞추기도 하였다. 시멘트 마당에서는 흘러내리는 처마의 드센 물이 바닥에 튀어 톡톡 솟구치는 물줄기를 넋 없이 바라보았던 때가 그립다. 지금은 뚜뚜 베란다에 떨어지는 물소리를 들으며 한가로운 하루를 보낸다.

언제부터 무슨 이유였는지 나는 비를 좋아한다. 비가 오면 혼자 있어도 심심하지 않고 느긋함 속에서 기쁨을 누릴 수 있다. 꽃밭의 나뭇잎과 꽃잎에서 빗물이 방울되어 떨어지는 물방울을 보며 신비스러움에 젖어든다. 따스한 여유로움으로 세상과 구별되는 듯 착각에 빠진다. 비오는 길을 걸으면 작은 꽃밭을 찾아 가고 싶어진다.

봄부터 비가 내리지 않았다. 올여름은 간절하게 비를 바라는 사람들을 애타게 만들었다. 장마철이 오도록 기다렸는데 장마철이 왔지만 기다리는 비는 감감무소식이다. 해마다 방문하는 태풍조차도 꿈쩍을 않는다. 나무들이 물이 먹고 싶어 목말라 하고 곡식과 과일의 소출이 줄어들 지경이다. 사람들 마음조차도 메말라 강박관념으로 초조해진다.

여름이 다 가도록 좍좍 내리는 비는 고사하고 주룩주룩 내리는 비도 한번 없었다. 비가 온다는 일기예보가 있어 우산을 들고 외출을 하면 펴지 않고 가져오는 일이 다반사다. 일기예보에 민감하여 저녁까지 기다리다 비가 오지 않으면 힘이 빠지고 어깨가 처진다. 중부지방은 적지만 가끔씩 비가 내리는데 영남 특히 부산은 거의 건조 상태다. 논밭은 거북이 등바닥이 되고 저수지조차 물이 마를 지경이다. 식수에도 위협을 받을 정도이니 농부들의 애타는 마음은 이루 말할 수 없었다.

이런 급박한 상황이 오면 책에서 읽었던 지구의 종말론이 떠오른다. 어려움을 많이 겪은 우리 세대는 어떤 어려운 경우라도 견딜 수 있는 정신력을 갖고 있다. 젊은 세대들은 이런 상황이 오면 우왕좌왕하며 극복할 수 있을까 걱정스럽다. 가정교육의 잘못됨과 학교 교육의 부족함도 있겠다 싶다. 사회 구조의 흐름이 노력하여 구하는 것보다 쉽게 얻는 것을 좋아하고 즐겁게 누리고 사는 것을 선호한다. 노력하여 이루는 성취감, 보람의 가치를 누리는 기쁨을 알지 못하는 경향이다. 모든 사람이 다 그런 것만은 아니다. 진실된 마음가짐으로 정직하고 부지런하게 자기의 하는 일에 최선을 다하는 사람들이 더 많은 사회이다.

성실하게 노력하는 건전한 사람들을 위해 많은 비가 내렸으면 좋겠다. 농사를 짓는 농토와 가축을 키우는 축사에도 풍부한 물을 제공하여 소출의 성취도를 높였으면 하는 바람이다. 산 높고 물 맑은 우리나라에 왜 물 걱정을 해야 하는지 마음이 아프다.

고등학교 화학 시간이 생각난다. 화학 선생님이 앞으로 우리나라에도 물을 돈으로 사서 먹을 때가 올 것이라고 하였다. 물값이 콜라, 사이다 보다 비싸게 될 수 있다고도 하였다. 맛있는 콜라보다 흔한 물이 더 비싸다니 당시는 엉뚱하여 헛소리같이 들렸다. 아이들이 콜라, 사이다를 마시는 것을 보며 가끔씩 화학 선생님의 말씀이 현실화되어가는 것을 본다.

2000년 밀레니엄 이전부터 수돗물을 바로 마시지 않고 보리를 넣어 보리차, 옥수수차를 끓여 먹었다. 후에는 정수기를 설치하여 수돗물을 걸러서 끓여 먹었다. 몇 년 전부터 마트에 생수병이 보이기 시작했다. 정수한 물에 차를 넣어 끓여 마시는 가정도 있지만 요즘은 거의 생수를 마신다. 우리나라가 인구도 많이 불었지만 물이 부족한 나라가 될 것이라는 보도도 있다. 상상하지도 못했던 물이 부족하다니 두려움이 앞선다.

산이 많은 우리나라는 산에 가면 골짜기마다 물이 흘렀다. 나무가 부족한 산이라도 물이 있고 옹달샘이 있었다. 요즘은 어느 곳이든 산에는 나무가 울창하다. 그래도 졸졸 흐르는 물소리 듣기가 어렵다. 옛 만큼은 아니라도 장마철이면 장마철답게 비라도 주룩주룩 내려줬으면 좋겠다.

오, 600회

10년이면 강산도 변한다는 말이 있다. 내게는 10년을 훌쩍 넘겨 강산이 변하여 600회가 되는 모임이 있다. 산을 타는 고교 동창 모임인 '한둘 산우회'다. 신어산 첫 산행을 계기로 사시사철 산에 오른 지가 어느덧 10년 하고도 4년 남짓 되었다.

월요일에는 산을 오른다. 산 오르기에는 찌는 무더위도 꽁꽁 얼어붙은 추위에도 아랑곳없다. 한둘 메일에 올라 온 장소와 시간에 회원들은 도시락을 지참하여 어김없이 모인다. 봄가을에는 1박 2일로 전국의 명산을 찾는다. 부산의 인근 산들은 몇 번씩 오르지 않은 산이 없을 정도다.

산에만 오르는 것이 아니다. 한여름에는 계곡을 찾아 물놀이를 하고 비 오는 날에는 영화 관람도 한다. 조조할인 관람을 하고는 늦은 점심을 먹으며 한잔 술에 거나하게 취하며 즐거운 하루를 보내기도 한다. 드물기는 하지만 겨울비가 내리면 찜질방에 모여 온방, 냉방을 휩쓸고 다니기도 한다.

그날도 일기예보에 비가 예보되어 10시에 지하철 센텀역에 모였다. 11시에 찜질방 앞에 만나기로 약속하고 신세계 백화점 남녀 사우나로 들어갔다. 11시가 지나도 남자 회원들이 한 명도 얼씬거리지 않아 복도에서 무료하게 기다리고 있었다. 시간이 훨씬 지나 남자들이 심상치 않은 얼굴로 나타났다. 노무현 대통령이 사망했다는 뜬금없는 말에 멀거니 바라보았다. 난데없이 자살이라고 한다. 찜질방에 들어가지 않고 TV 있는 곳을 찾아 넋 놓고 바라보았다. 식당에서도 TV에 집중하여 점심을 먹는 둥 마는 둥이었다.

산을 오르며 많은 일이 있었다. 남자 한 명 여자 한 명 둘이서 산을 오르기도 했으며 여 회원 한 명에 여러 명의 남자들이 산을 타기도 했다. 우중충하고 축축한 날씨에 여자들이 끙끙거리며 힘들게 오르면 거의 다 왔다며 남자 회원들이 다독여 주기도 한다. 100회를 기점으로 지리산 천왕봉에 오르고 바다 건너 한라산 백록담에도 올랐다. 문경새재도 넘었고 설악산 대청봉도 거뜬히 섭렵했다. 여러 가지 사건이 생겨나고 기록적인 일을 행하며 10여 년이 훌쩍 지났다.

600회! 14년의 세월이 흘렀다. 회원 모두가 일흔을 훌쩍 넘겨 여든을 바라보는 노년기로 희끗희끗하던 머리카락이 반백이 되었다. 500회를 맞으며 외국의 명산들을 들먹이며 깝죽거리더니 600회에 다다라서는 나불거리는 회원이 없다. 그저 안전하고 편한 여행을 계획하자는 의견들이다.

600이란 어떤 숫자인가. 육백, 입으로 되뇌어 본다. 유네스코 세계문화유산인 이스라엘 요새 '미시다'에 올랐다. 로마군에 저항하기 위한 군사요새지로 동서남북 사방의 길이가 600m라고 한다. 신기하게도 600m 안에서도 사람이 생활할 수 있는 모든 시설은 갖추어져 있었다. 600이 붙은 상품들도 있고 600만 불의 사나이라는 영화도 인기를 얻었다. 콘텍600 안경도 있으며 화투놀음에도 600이라는 게임이 있다. 호날두 축구 선수가 600호 골인을 성취했다고 대서특필이다. 60세 회갑에도 10을 곱해야 나오는 숫자이다. 전문가도 아닌 동창모임의 산행으로 진기한 숫자를 이루었다. 뿌듯하고 설렘이 온다.

600회 기념 산행이 통영으로 낙착되었다. 결정해 놓고도 의아해하며 아쉬워한다. 그렇게 요동치던 기개는 어디 가고 소극적인 대처에 스스로 놀라울 따름이다. 한술 더하여 그 정도의 거리는 자가용

몇 대로 해결해도 되건만 놀랍게도 봉고차를 대절하기로 하였다.

시간이 지나면 당연히 나이를 먹는다. 나이를 먹으면 정신과 육체도 같이 나이를 먹는다. 하루에 6시간을 마다하고 걸으며 피곤함을 모르고 호기를 부리던 산행도 옛 시절이 되었다. 회원 중 고혈압으로 쓰러져 긴 세월 병원 생활을 하는 이도 있다. 건강 이유로 패잔병이 있는가 하면 신입생도 있다. 동창이라는 명분 아래 걷는 자만이 살아남는다는 슬로건으로 동고동락을 한다. 600회 기념 산행을 통영 1박 2일로 결정한 후 돌아오는 뒤안길에 기쁨보다 애틋한 마음이 서렸다.

청명한 가을날 13명의 회원들이 10시에 강서구청 지하철역에 모였다. 가까운 산행길이지만 여전히 부푼 마음으로 봉고차에 올랐다. 진영휴게소에서 빵에 커피를 곁들어 먹으며 가까워서 시간에 쫓기지 않고 여유롭다며 흡족해한다.

통영 도착 후 먼저 세병관에 들렀다. 조선 수군통제사로 목조 건물이 위풍당당하면서 기품이 있다. 안내문을 읽으니 충무공 이순신 장군의 전승을 기념한 건물로 국내 현존하는 목조 건물 가운데 가장 큰 규모라고 적혀 있다. 오후에 충무공 위패를 모신 충렬사에 들렀다. 경건한 마음으로 참배하며 이순신 장군의 나라에 대한 애국심과 고귀한 인품에 푹 빠졌다.

이튿날 아침 이순신 장군 공원에 올랐다. 통영을 여러 번 와서 둘러보았으나 이순신공원은 처음이다. 푸르디푸른 통영 바다가 지평선까지 한눈에 들어오고 이순신 장군 동상이 바다를 내려다보며 위엄을 갖추고 있다. 왜군을 향해 팔을 뻗고 있는 위용에 눌려 회원들은 일렬로 나란히 서서 정성을 다해 묵념을 올렸다. 13척의 열악한 군비로 왜군과 싸워 승리로 이끈 바다를 13명의 회원들이 장군과 함께 내려다보았다. 감격이 벅차 온몸에 전율이 흐른다. 바다를 품고 있는 산을 오른다. 낮은 산이지만 이순신 장군의 애국심을 기리는 마음을 품은 채 천천히 걸었다. 이 산행으로 600회 산행의 체면을 유지했다.

통영은 이순신 장군의 도시다. 어디를 가나 충무공 이순신의 얼이 서려 있다. 충절로 한국을 대표하는 도시다. 애국의 도시답게 애국심을 불러일으켜 나라를 생각하게 하는 경각심을 갖게 한다. 이번 산행은 오로지 이순신 장군을 기리며 애국심을 고취시키는 의미 있는 산행으로 마침표를 찍었다. 이보다 더한 600회 산행을 어디서 찾을 수 있을까.

오늘도 617회 산행을 한다. 첫 월요일은 변함없이 산에 오른다. 얼마나 지속할까 하지만 최후의 한 명까지 계속하겠다고 기염을 토한다. 아직은 그날이 아주 먼 후일의 일로 보인다.

제3부

영혼의 집

영혼의 집

내 인생에 잘한 일이 있다. 저절로 허락된 행운도 있다. 물론 부끄럽고 잊고 싶은 일도 많다. 그것은 사람에게 부족함이 많기 때문에 어쩔 수 없는 일이다. 그런 와중에 이런 좋은 일이 있으니 값진 삶일 수밖에 없다.

부모님에게 물려받은 유전 인자가 내게 가장 값진 행운이다. 그 중의 첫째는 심신의 건강이다. 나이 먹으며 찾아오는 노인 지병도 없으며 웬만한 잔병치레도 하지 않는다. 성격도 소탈하고 평범하여 소심하고 이기적이지 않고 원만하게 살아간다. 이것은 내 의지로 된 것이 아니라 부모님으로부터 우수한 인자를 물려받은 자산이다. 더 나아가 하나님이 내린 축복이다.

우리 부모님은 예수를 믿지 않았다. 친척 중에도 예수 믿는 가정이 없다. 내가 선택한 것 중 가장 잘한 것은 예수를 믿는 것이다. 초등학교 시절 친구 따라 교회 가서 지금까지 믿음 생활을 한다. 하나님이 택해 주셨지만 믿음을 놓지 않고 3대를 잇는 믿음의 가정을 이루었다. 자녀들의 온전한 믿음 생활에 감사한다.

첫발을 들여놓은 교회가 부전교회다. 교회를 계속 다니며 중2 때 김형식 목사님께 세례를 받았다. 고등학교를 졸업하고 대학 4년간은 집을 떠나 서울에서 학교에 다녔다. 미국 선교사가 기독교 정신 아래 설립한 학교에 다니며 믿음이 이어졌다. 대학을 졸업하고 집에 돌아와 부전교회에 다녔다. 결혼하여 부산에 살면서 지금까지 부전교회에서 믿음 생활을 한다.

부전교회는 내 신앙의 시금석이요, 믿음의 산실이다. 하나님의 믿음 못지않게 교회를 사랑하며 기쁨을 누린다. 평생을 한 교회만 고수하며 다니다 보니 믿음의 폭이 좁고 맹목적일 수 있으며 독선적이고 배타적일 수도 있다. 하지만 나에게는 하나님의 은총으로 내려 주신 특별한 은혜다. 교회에 대한 지루함이나 싫증을 느끼지 않고 변함없는 사랑과 감사로 진리 안에서 하나님을 섬기며 믿음 생활을 한다.

부전교회는 부산진교회에서 서면에 사는 교인들을 위해 서면기도소로 시작했다. 기도소에서 철길 건너 경남 노동훈련소로 이동하여 임시로 부전예배당으로 사용하였다. 친구 따라 처음 교회에 간 곳이 그 예배당이다. 6·25전쟁으로 부전동에 천막 교회를 지어 예배당을 옮겼다. 유년주일학교를 천막 교회에 다니며 마쳤으며 주일학교 지도교사는 강일봉 장로님이었다.

70여 년 부전교회 다니며 지금의 사직동 교회를 신축하였다. 서면기도소를 시작해 84년 지나는 동안 예배당을 네 번 건축하였고 네 분의 담임목사님을 만났으며 두 분의 원로목사님을 모셨다. 김형식 목사님이 내게는 처음 목사님이며 서울로 전근 가신 후 부목사님이셨던 한병기 목사님이 담임목사님으로 취임하였다. 그때 나는 중학교 2학년이었다. 한병기 목사님이 원로목사님으로 추대받으며 물러나시고 신예철 목사님이 담임목사님으로 취임하였다. 지금은 박성규 목사님이 담임목사님으로 재임하며 신예철 목사님이 원로목사님으로 추대되었다.

한병기 목사님은 조직신학을 전공하였다. 청소년을 거쳐 청년기에 들어선 우리에게 바른 믿음 생활을 하도록 그리스도의 진리를 가르쳐 주었다. 칼빈의 5대 교리, 예정론, 웨스트민스터 소요리 문답을 오랜 시간을 거쳐 강의하였다. 소요리 문답의 첫째는 '사람의 제일 되는 본분은 무엇인가', '사람의 제일 되는 목적은 하나님을 영화롭게 하는 것과 구원에 감사하는 것이다'라고 시작한다. 진리를 바로 알고 바른 믿음 생활을 하도록 철저한 지도를 하였다. 그 가르침의 믿음이 지금까지 이어가고 있다. 복을 받기 위한 믿음이 아닌 하나님을 섬기는 것이 사람의 본분이라고 누누이 가르쳤다. 부활절이 가까워지면 우리 죄를 사하기 위한 십자가의 진리를 배웠다. 그 은혜로 거룩함과 성령 충만으로 성화하는 믿음 생활을 할 수 있게 간절한 기도를 드렸다.

부전교회는 부산진교회 서면기도소로 시작해 지난해 개교 84주년을 맞았다. 6 · 25 전쟁으로 천막 교회였던 예배당이 전쟁이 끝난 후 목조 예배당을 건축하였다. 얼마를 지나 예배실이 협소해 출입문 입구 벽을 헐고 최대한 넓히는 증축공사를 하였다. 전쟁이 끝나자 피난민으로 인구가 많이 불었으며 기업체도 부지기수로 많이 설립되어 부산이 크게 발전하였다. 교회도 점차 성장하게 되어 목조 예배당을 헐고 오늘의 붉은 벽돌 예배당을 건축하였다. 부전교회는 또다시 예배당을 넓혀야 했다. 계획으로부터 8년을 거치며 사직동 부전 글로벌 비전교회를 건축하였다. 나의 믿음은 천막 교회로 예배를 드린 후 70년이 다가온다. 그 긴 세월의 믿음을 서면 부전교회에서 이어왔다. 부전교회를 떠나는 마지막 예배 시간에 아쉬움인지 그리움인지 눈물로 예배를 드렸다. 사직동 부전교회에서 남은 여생의 믿음 생활이 시작된다.

사직동 예배당에 입당하여 첫 예배를 드렸다. 건축이 미완성이라 어설픈 감은 있으나 새롭기도 하며 긴장감이 떠돌기도 한다. 예배당 건축이 점차적으로 완성되면서 나의 믿음 생활도 점진적으로 잘 적응될 것이다. 사직동 부전교회 설립은 100주년을 향해 나아가며 한 세기를 보내고 새 시대를 맞을 준비 과정인 것 같다.

건강한 신앙을 위한 3대 원리는 첫째는 교리(기독교의 진리) 둘째는 생활(기독교적인 언어, 행동) 셋째는 세계관(기독교적인 가치관)이다. 이 원리는 모두 성경에 근거해야 한다.(박성규 목사 강론 중에서) 기독교인들의 신앙은 3대 원리 안에서 믿음 생활을 해야 한다. 그러면 어떠한 이단에도 빠져들지 않는다. 절대적이신 하나님만 섬기는 믿음으로 100주년을 맞는 교회로 나아갔으면 하는 바람이다. 부전교회는 하나님의 뜻에 합당한 거룩하고 가장 모범적인 교회가 될 것이다.

나를 구원하여 주신 하나님은 끝없는 사랑으로 나를 지켜 주신다. 나의 자녀들 역시 가장 좋은 최상의 곳으로 이끌어 주신다. 하나님이 내려주신 은총에 감사하며 받은 은혜의 기쁨을 누리며 신앙과 생활이 일치하는 온유하고 겸손한 믿음으로 살고 싶다.

영혼의 울림

이국의 첫 밤을 맞았다. 긴 여행길에 도착하여 잠자리에 들었으나 잠들지 못해 뒤척이다 겨우 잠이 들었다. 잠결에 난데없이 종소리다. 둔탁하지도 가볍지도 않은 종소리가 여기저기서 들려온다. 창의 커튼을 밀고 밖을 보았다. 어둠이 걷히지 않은 창문 앞에 높은 성당 종탑이 보이며 종소리가 울려 퍼진다.

종소리가 따뜻하게 스며들면서 마음을 차분하게 만든다. 열등감 자만심으로 얼룩진 내 마음이 보인다. 나름대로 믿음으로 내려놓으려 허우적거렸으나 뜻대로 되지 않아 괴로움을 느낄 때도 있었다. 이국에서 뜻하지 않은 새벽 종소리의 너그러움으로 맑고 온유를 채워 주는 듯하다. 성당의 종소리는 영을 일깨우는 울림이었다.

발칸반도의 조그만 나라 크로아티아의 첫 새벽이었다. 생각지도 못한 지극히 생소한 나라 크로아티아로 여행을 하게 되었다. 내전과 전쟁이 잦은 유럽 조그만 나라 정도로 알고 상식도 없이 무턱대고 가족 여행에 따라나섰다.

인천공항에서는 직항이 없어 카타르 도하에서 갈아타고 부다페스트를 거쳐 현지에 도착하기까지는 거의 20시간 가깝게 소요되었다. 긴 비행시간을 지나 다음 날 아침에 도착한 수도 자그레브의 국제공항은 아주 규모가 작고 다소 한산하기까지 하였다. 공항을 벗어나니 온통 눈 덮인 하얀 들판으로 자동차 길만이 겨우 뚫려 있었다. 첫인상이 매우 조용하고 깨끗한 나라며 사람들이 순수하고 친절한 것 같아 정감이 갔다.

우리는 미리 예약해 둔 자동차를 타고 자그레브를 벗어나 제2의 도시 스프리트로 향했다. 수도를 벗어나면서 유럽답지 않게 시골스럽고 매우 한가로운 풍경이었다. 그러면서 집이 몇 채 보이지 않은 작은 마을에도 어김없이 성당과 종탑이 보였다. 알고 보니 가톨릭이 국교 차원이었다. 저녁나절에 스프리트에 도착했다. 고풍스러운 대리석 건축과 웅장한 성당이 낡고 조금은 허술한 것 같으나 차분하고 품위가 곁들여져 있었다. 규모가 작은 성안의 한가한 도시 같았다.

예약한 아파트에 머물며 며칠간 묵기로 하였다. 우리가 입주한 넓고 품격 있는 4층 아파트는 창문 밖으로 바다가 펼쳐져 있다. 해변가에는 산책로가 있으며 노천 레스토랑과 카페가 있는 경관이 일품인 궁의 별장이었다고 한다. 대리석으로 지은 옛 궁을 외부는 그대로 두고 내부 구조는 수리를 하여 아주 넓은 공간이 우리네 아파트 내부같이 깨끗하고 편리하게 되어 있었다. 아파트에서 대충 짐을 풀고 저녁을 먹기 위해 거리로 나서니 이름도 예쁜 아드리아해 바닷가였다.

작은 나라이지만 국토가 남북으로 길게 뻗어져 있어 눈 덮인 자그레브와 달리 남쪽 스프리트는 따뜻하였다. 레스토랑에서 서양식 식사를 마치고 해변을 걸었다. 서양 사람들 틈에서 한가롭게 산책을 하니 얼떨떨하며 신기한 생각마저 들었다. 파리 여행에서 그렇게 누리고 싶었던 노천카페에 자리를 잡고 앉으니 두근거려 오는 가슴을 억누를 지경이었다. 자동차도 소음도 없는 넓은 노천카페에서 여유롭게 오가는 산책객들과 바다를 바라보며 마시는 커피는 맛도 느낄 수 없을 만큼 흥분상태였다. 마음껏 감동하고 맘껏 기쁨을 누리다 고즈넉한 늦은 밤 잠자리에 들었다.

피곤한 몸을 가누다 잠이 들었나 싶더니 난데없이 종소리가 들린다. 가까이 들리는 듯 멀리서도 여러 개의 종소리가 새벽을 울린다.

유럽 여행을 다니며 많은 성당을 보았으나 종소리는 전혀 듣지 못했다. 성당의 종소리는 어떤 소리일까 듣고 싶었는데 직접 종소리를 들으니 성스러움이 담겨있다.

종소리에는 여러 종류가 있다. 학교 다닐 때 수업 시간을 알리는 종소리가 있었으며 오래전 우리 교회 높은 종탑의 종소리는 새벽기도와 예배를 알리는 시간의 매개체 역할을 하였다. 크로아티아 성당의 종소리는 긴 여운으로 영혼을 불러일으키는 천상의 노래같이 들린다. 이렇게 순전하고 참다운 믿음을 간직한 나라가 있었는지 새삼스럽고 놀라웠다.

날이 밝아지자 먼저 성당을 둘러보았다. 성당 내부는 유럽 성당보다 검소하지만 별로 다를 바 없고 종탑에 올랐다. 계단에 쌓인 먼지로 눈은 쉽게 뜰 수 없고 매캐한 냄새는 숨을 쉴 수 없을 정도다. 가파른 계단을 힘겹게 오르니 종탑 중간에 다섯 개의 작은 종이 네 개는 사각형으로 한 개는 사각형 중앙에 매달려 있다. 벽마다 작은 구멍이 있어 얼굴을 들이밀고는 숨가쁜 한숨을 쉬었다. 종각까지 오르니 아주 큰 종 하나가 육중하게 달려있다. 하루 세 번씩 여섯 개의 종이 어울려 장중하게 울려 퍼져 나그네의 마음을 가다듬게 하면서 하나님과의 만남을 이루어 주기도 한다.

마지막 여행지는 수도 자그레브였다. 자그레브의 거리를 걷는데

'펑' 하는 대포 소리가 울렸다. 가던 길을 멈추고 주위를 두리번거렸으나 모두들 아무 일 없는 듯 사람들은 그대로 활보를 한다. 연이어 성당의 종소리가 여기저기서 울린다. 자그레브는 열두 시가 되면 대포를 쏜 후 모든 성당의 종들이 함께 울리며 정오를 알린다고 한다. 크로아티아는 전쟁이 사라진 지 겨우 20년이 되어 그제야 참다운 자유를 얻었다. 오늘의 평화가 그들에게 너무나 귀중하고 진정한 행복을 누리며 전쟁을 잊지 말자는 뜻으로 전쟁에 사용하던 대포를 매일 정오에 한 번씩 쏜다고 한다.

종소리는 전쟁으로 인해 아들의 죽음을 가슴에 담고 있는 어머니, 한 번만이라도 보고 싶은 전사한 남편의 그리움을 간직한 미망인들과 어릴 때 전쟁터에 나가 돌아오지 않는 아빠의 희미한 추억을 되새기는 자녀들에게 영혼의 소리로 마음 문을 열어 주는 듯하다. 성당은 그들에게 아픔을 씻어주는 안식처요 종소리는 그리움을 달래주는 위로의 손길이 되어 주는 것 같다. 영혼의 울림이 있는 시가지에 하나님의 은총이 내려지는 듯 건물들과 지나는 전차 자동차 사람들까지 평온하고 너그럽게 보인다.

크로아티아는 유럽에서 보기 드문 부드러움과 겸손함이 있으며 도시가 간결하고 깨끗하다. 도시마다 작은 성이 있으며 성안에 있는 관공서나 건물은 성당을 중심으로 둘러져 있고 자동차도 다니지 않는다. 검소하면서 웅장한 성당 건축물에 높은 종탑이 눈에 띈다. 새벽에 울리기 시작한 종소리는 하나님의 은총을 함께하여 온누리와 사람들의 마음을 따듯하게 적셔 준다. 어느 도시에서는 시간마다 울리는 종소리에 진정한 자유에 흠뻑 빠져 만끽하는 사람들의 모습을 느낄 수 있어 나그네의 마음까지 포근하게 만들어주기도 한다.

유럽 여행을 다니면서 여러 성당을 둘러보며 몇몇 종탑을 올라가 보았으나 종소리는 듣지 못했다. 크로아티아는 어느 곳이든 새벽부터 저녁까지 성스러운 종소리가 울려 퍼진다. 제각각 다른 음색의 소리로 하나의 화음을 이루는 깊은 울림은 발걸음을 멈추게도 한다.

이 나라의 역사는 잘 알지 못하나 유럽의 귀퉁이에 붙어 있는 소국가로 강대국의 침입과 내전이 많았다고 한다. 우리나라처럼 어려운 고비가 많아 하나님께 매달려 신앙의 힘으로 살아남은 것 같다. 지금도 성당에서 정성껏 예배드리는 모습을 볼 수 있었다. 수수하고 소박한 차림새와 그들의 겸손한 친절에 정감이 가고 마음이 안정되어 나 역시 겸손해지는 것 같았다.

거룩한 영의 소리로 새벽을 열고 시간마다 들려주는 성스러운 소리로 영혼을 일깨우며 살아가는 그들의 모습이 성결한 것같이 보인다. 울려오는 종소리가 지금도 내 마음에 스며드는 것 같다.

이집트 성지순례

믿음 생활 50여 년 만에 성지순례의 길을 떠난다. 유년 주일학교를 다니며 성경 이야기를 들었고 어른이 되면서 성경을 배우면서 읽었다.

구약을 읽으며 유대, 애굽의 나라들을 상상하였고 신약을 읽으며 바울의 전도 여행지를 그려보곤 하였다. 한번이라도 가 보았으면 하고 바랐으나 좀처럼 성지순례의 길은 열리지 않았다. 뜻하지 않게 교회 찬양대에서 성지순례의 계획을 세웠다. 여러 가지 일들이 있었으나 우리 찬양 대원들은 성지순례의 날이 다가와 순례의 길에 올랐다.

순례지는 이집트, 이스라엘, 터키 순서로 잡혀졌다.

첫 방문지 이집트 카이로에 도착했다. 이글거리는 태양 아래 눈이 부신다. 이집트는 관광으로 이미 한번 방문하였다. 4대 문명의 발상지 이집트는 나일강을 끼고 있다. 수에즈 운하가 있으며 피라미드도 있다. 국가 예산의 30%를 관광 수입으로 충당한다는 나라다.

이집트 국립 박물관을 관람하였다. 이집트의 고대 문명과 역사박물관은 다시 봐도 여전히 놀랍다. 사후 내세에 대한 독특한 문화에는 경이롭다. 이집트의 죽음에 대한 내세관은 철저하다 못해 완강하다. 유황과 몰약의 방부제가 발달하였고 보관에 힘을 기울였다. 미라를 만들어 다섯 번이나 차례로 관속에 넣어 보존한다. 보석으로 둘러진 다섯 개의 관이 순서에 따라 진열되어 있다. 나열되어 있는 보석관의 정교하고 찬란함에 놀랍다. 미라를 잘못 만들거나 보관을 잘못하면 재활할 수 없다는 특이한 믿음을 가진 나라다. 찬란한 고대 문화를 자랑하듯 박물관 전시품들이 보석 진열장 같다.

이집트의 사후 미래관은 이스라엘의 영향인지도 모른다. 유대인 요셉이 애급의 국무총리로 재임하며 부친 야곱과 가족들을 이주시켰다. 그 후손이 모세가 출애굽하기까지 400년간 살았다. 이집트인들이 그동안 유대인들에게서 유대교의 믿음을 본받았음인지 이집트의 내세의 부활관은 특이하였다.

모세가 유대민족을 이끌고 애급을 떠나기까지 애급에 많은 유적을 남겼다. 모세의 우물 마라는 이글거리는 태양과 물 한 방울 없는 사막의 땅에서 신기하게도 물과 큰 나무들로 둘러져 있다. 학교에서 배웠던 오아시스라고 한다. 적은 수량이지만 모세를 생각하며 우물과 나무 밑을 거닐었다. 작열하는 태양과 물이라고는 찾아볼 수 없는 메마른 땅에 물이 마르지 않는다는 모세의 우물 마라를 신기하게 살폈다. 주위에 즐비하게 늘어선 가게에서 모세의 조그만 스틱 하나를 구입하였다. 성경의 출애굽기와 모세가 겹쳐 감동으로 밀려온다.

다음날 시내산 등정을 위해 시내산을 향했다. 시내산 가는 길에는 수에즈 운하가 보인다. 수에즈 운하로 가는 바다 위의 배들을 흥미롭게 바라보며 우리는 바다 밑의 터널을 향했다. 오후에 시내산 자락에 자리 잡은 허름한 호텔에 투숙하였다. 새벽 1시에 산행이 시작된다고 한다. 준비물은 생수, 손전등, 스틱, 챙모자, 선글라스에 컵라면이다. 시내산은 작열하는 태양과 나무가 없는 바위산이라 낮에는 오르지 못한다고 한다. 깜깜한 밤중의 시내산 등정은 듣기보나 힘들었다. 나무는 물론이고 풀 한 포기 없고 달빛조차 비치지 않은 깜깜한 바위산은 위험하기 짝이 없었다. 산새도 모를 뿐만 아니라 돌과 바위뿐인 험악한 산길은 고르지 못하고 울퉁불퉁하여 손전등이 없으면 한 걸음도 뗄 수 없다.

손전등에 의지하여 여러 나라에서 모여든 관광객들 틈에 끼어 줄 따라 정신없이 오르다 보니 낙타를 옆에 데리고 '카멜카멜' 하고 소리 질렀다. 낙타를 타라는 것이었다. 조금 더 가니 '헬프헬프' 하며 젊은 청년들이 따라온다. 걷기 힘든 사람에게 이끌어 주는 베두인(유목민)의 도우미 청년들이었다. 안내원이 낙타를 타면 크게 다칠 수 있으니 될 수 있는 한 걸으라는 주의를 들었다.

정상에 가까워지자 마지막 관문인 750개의 바위 계단이 있다. 계단이라지만 높고 넓게 바위로 만들어져 힘에 겨워 계단을 오를 수 없었다. 벽으로 쌓아 놓은 바위벽에 의지하여 기다시피 하며 겨우 올랐다. 산이란 오르다 보면 약간의 내리막이 있고 하다못해 평평한 길이 있어 숨을 고르기 마련인데 시내산은 정상까지 오르막뿐이다. 목적이 시내산인지 무엇인지 생각할 겨를도 없이 어두운 산길을 오르기만 하였다. 날이 밝아 오면서 정상에 이르렀다.

모세 기념교회가 눈에 띈다. 목사님의 인도로 예배를 드렸다. 애급을 떠나 이스라엘로 향한 모세와 유대인들이 그제야 생각났다. 성령 충만한 감동으로 예배를 드렸다. 모세와 시내산, 피곤인지 은혜인지 눈시울이 뜨거워진다. 성경에서만 읽었던 출애굽, 시내산 어떻게 시내산에 왔으며 정상에 올라와 있는지 꿈만 같다. 얼떨떨한 마음으로 준비해 온 컵라면에 2불로 뜨거운 물을 얻어 라면을 끓였다. 따뜻한

국물 한 모금이 피곤과 흥분된 마음을 가라앉힌다. 두근거리는 마음을 누르며 먹는 시내산 라면은 좀처럼 잊지 못할 맛이었다.

일출을 보기 위해 전망대에 올랐다. 멀리 광야에서 벌겋게 떠오르는 태양을 보자 진정되었던 마음이 벅찬 감동으로 다시 숨결이 가쁘다. 끝없이 펼쳐진 메마른 바위산을 바라본다. 성경에 나오는 시내산 기적들이 머리를 스친다. 척박하기 이를 데 없는 사막의 땅에서 부를 이룬 이집트가 위대해 보인다.

밝은 해를 바라보며 가벼운 마음으로 하산하는 길에 출애굽과 유대인을 생각해 보았다. 메마른 광야, 이글거리는 태양 아래 40여 년의 광야 생활에 지친 유대인들이 모세를 원망하는 마음을 이해할 것 같다. 바위를 쳐서 물이 흘러나오고, 아침에 만나가 내리고, 하늘에서 메추라기가 떨어지는 기적, 십계명과 금송아지, 낮의 구름 기둥과 밤의 불기둥 없이는 불가능함을 알 것 같다. 요즈음 이스라엘 사람들은 시내산을 바라보며 어떤 생각을 할까도 궁금하다.

하산을 하니 먼저 도착한 일행이 넓은 바위 위에 앉아 우리를 기다린다. 불붙는 가시떨기와 이드로 장인의 우물이 있는 싱 캐더린수도원을 방문하기 위함이었다. 출애굽기의 땅을 밟는 감동을 안고 수도원을 향해 천천히 걸었다

호텔을 향해 내려가는 길에 척박한 시내산을 생활의 터전으로 삼고

살아가는 베두인 젊은이가 보인다. 누추한 우리에 갇혀 있는 바짝 마른 낙타와 깡마른 베두인이 접목되어 안쓰럽고 씁쓸하다. 해가 높이 떠오른 후에야 호텔에 도착하였다. 늦은 아침을 먹고 감동으로 잊을 수 없는 시내산을 가슴에 품고 이스라엘로 향하였다.

터키 성지순례

이스라엘 텔아비브 공항에서 이스탄불로 출발하였다. 이스라엘의 출국 검열은 입국 못지않게 까다롭다. 오륙십 대의 주부들이 단체로 성지순례를 마치고 돌아가기 위해 출국을 위한 검열의 엄격함과 기다림에 지치고 힘들었다. 이스라엘을 둘러보고는 이해할 수 있었으나 안쓰러웠다.

텔아비브 공항에서 저녁 8시에 이륙하여 10시에 이스탄불에 도착하였다. 이스탄불 입국 절차는 늦은 시간이기도 하였지만 줄 서서 바로 들어가듯이 수월했다. 공항을 벗어나 바로 호텔로 향했다. 다음날

8시 30분에 이스탄불 공항에서 국내선으로 이즈밀로 향하였다. 한 시간 후 이즈밀에 도착하였다.

에베소를 찾았다. 바울이 로마 옥중에서 에베소 교회에 보낸 옥중서신 에베소서, 터키는 일반 관광으로 한번 방문하였고 이번에는 성지 순례의 길이다. 관광으로 와서는 예사롭게 에베소를 찾았다가 성경에 나오는 에베소인 것을 알고는 시종 흥분으로 얼떨떨하기만 하였다. 이번에도 첫 방문 못지않게 긴장되고 울렁거림은 여전하다. AD 60년경에 사도 바울이 기록한 에베소는 굉장히 발달한 도시였다. 여태껏 성경을 읽으며 에베소의 지역이 터키였다는 사실을 전혀 몰랐다. 흥분을 가라앉히며 에베소의 진면을 깊이 알아보겠다고 마음먹었다.

에베소 성지에 들어서자 많은 석조 건물이 허물어진 상태 그대로 보존되어 있다. 무너진 채로 남아 있는 우람차고 정교하게 다듬어진 석조기둥과 건물 몸체들의 형태로 보아 규모가 엄청난 건물인 것 같다. 드물게 남아 있기는 하지만 원형 그대로 보존되어 있는 기품 있는 건물에는 놀라움을 금할 수 없다.

바울의 전도지인 에베소. 그 당시 가장 문화가 발달하고 거대한 도시였다. 바울이 3차전도 여행을 떠날 정도였으며 교회도 세웠다. 사도 요한이 밧모서 유배지에서 풀려나서 돌아온 도시. 남은 여생을 에베소에서 보내며 순교할 때까지 요한복음, 요한 1, 2, 3서를 서술했다. 요한의 교회와 무덤 앞에서 성경과 접목시키며 솟아오르는 감동을 진정시키기 힘들었다. 에베소는 거룩하고 위대한 고대도시다. 방대함이 2000여 년 전의 도시인가 의문스러울 정도이다. 수려하고 규모가 엄청난 건축물이 신기할 정도로 경이롭다. 구약 시대에서 신약 시대를 거치면서 가장 크고 화려했던 도시의 하나였던 에베소의 광대함에 어안이 벙벙하다.

대리석이 깔린 도서관으로 가는 엄청나게 넓고 정교하게 다듬어진 도로 양편에 유명한 사람들의 석상이 줄지어 세워져 있다. 거의가 상체 얼굴 부분이 소실된 상태지만 몇 개의 석상은 손상함이 없는 온전한 조각상으로 남아 있다. 온화하고 기품 있는 전신상에 탄성이 절로 난다.

최초의 도서관 세루시우스. 우아하고 아름다운 도서관은 세계 제3의 도서관답게 위용을 자랑하고 있다. 도서관의 기둥과 벽면 하나하나가 은은하면서 정갈하게 장식되어 있다. 대리석 석조 건물이 옛 건물답지 않게 안정되고 심세함에 정감이 간다. 품위까지 어우러진 도서관의 위풍에 격조 높은 옛 도시 에베소의 장대함을 대표하고 있는 듯하다. 그 당시 저장된 서적들도 엄청났다고 한다.

거대한 공동목욕탕이 있는가 하면 대리석이 깔린 수세식 화장실이 그대로 남아 있다. 원형 경기장을 두르며 BC 3세기경에서 AD 1세기를 거치며 고대 에베소문화의 발달과 화려하고 거대한 도시 규모를 말해준다. 오랜 역사 속에서 방대하고 웅장한 고대 도시의 석조 건축물들이 무너진 곳과 완전한 건축물들이 거의 온전한 상태로 부패함 없이 그대로 보존되어 있는 신기함에 넋을 잃을 정도다.

은장색들이 모여 바울을 죽이려고 회의를 열었던 야외극장은 원형 그대로 보존되어 있다. 높고 넓게 펼쳐진 사방을 둘러보니 어안이 벙벙하여 말문이 막힌다. 요즘도 가끔씩 예술 공연을 한다는 공연장 중앙계단을 묵묵히 올랐다. 돌계단에 앉아 아래를 내려다보며 그때의 광경을 그려 보았다. 사도바울을 생각하며 기도하고 싶은 숙연한 마음으로 눈을 감는다. 천천히 돌계단을 밟고 내려오면서 에베소를 안고 있는 터키가 부러웠다.

에베소의 감동이 채 가시지 않은 채 다음날 여러 곳의 지하 교회를 둘러보았다. 지하 교회지만 규모는 무척 크다. 석면에 그려진 예수님의 일생과 구약성경을 소재로 한 벽화를 보았다. 상함과 변함도 없이 성스러운 아름다움이 그대로 간직되어 있다. 험난하게 거쳐 온 기독교 믿음의 역사가 은혜요 감동이었다.

데린구유 지하도시의 동굴 교회에 갔다. 입구는 허술하여 별스런 것이 아닌 것 같았는데 지하로 내려가니 크기와 다양함에 어이가 없었다. 고난받던 기독교인들이 고통을 견디지 못해 지하로 들어갔다. 동굴에서 생활하면서 인구가 불어지면서 지하로 점점 깊이 파고 들어가 예배를 드렸던 동굴 교회다. 지하도를 따라 들어갈수록 섬뜩섬뜩하며 박해받은 기독교인들이 생각났다. 동굴의 크기와 교회의 규모 역시 예사롭지 않았으며 벽화의 거룩함과 정교함이 신비로울 정도다.

우치시르의 석굴은 기독교인들이 박해를 피해 생활하던 곳이었다. 우치시르의 바위산은 바위라지만 사암으로 이루어져 모래를 엉겨놓은 듯 잘 부서지는 바위다. 바위를 뚫어 집을 만들어 생활하기도 하였으며 석굴 교회도 있었다. 사다리를 타고 조심히 올라갔다. 교회 규모는 작으나 아름다운 벽화가 그대로 잘 보존되어 있었다.

바위산에는 지하 지상 어디를 가나 벽화가 그려져 있는 성스러운 교회가 있다. 기독교의 성지를 많이 가졌고 보존이 잘 되어 있는 터키에 놀랍나. 이슬람 나라에 이렇세 큰 믿음을 가졌던 터키의 기독교를 알지 못했다. 금세기의 터키인들은 이 큰 믿음은 어디로 가고 국민의 97%가 이슬람을 믿는다고 한다. 영국 선교사를 잔인하고 혹독하게 순교를 시킨 나라다. 구원의 은총을 모르는 터키인들의 안쓰러운 마음을 가다듬으며 성지순례의 일정을 마쳤다.

비행기를 여섯 번 갈아타고 묵은 호텔이 매일 바뀌어 번거롭고 힘든 여행이었다. 아무 사고 없이 무사히 돌아오게 되었다. 시종일관

은혜와 감동의 연속이었으며 성령 충만, 기쁨 충만 속에서 성지순례를 끝내고 무사히 도착하여 하나님께 감사드린다.

예수를 믿고 구원받은 성도들이면 한 번은 성지순례를 했으면 하는 마음이다. 두 번의 성지순례였던 이스라엘과 요르단을 합한 4개국의 순례는 감동으로 술렁거렸다. 은혜를 듬뿍 받으며 믿음에 큰 도움이 되는 여행이었다. 성경과 강론에서만 듣던 성지를 직접 발로 걸으며 눈으로 보고 몸으로 체험하니 꿈만 같았다. 믿음도 한층 돈독해지는 느낌이다. 우리 교회에서도 다소 힘들겠지만 몇 년 만에 한 번씩 성지순례를 계획하면 좋을 것 같다.

검정의 다양성

검은색과 흰색은 무채색이다. 동일한 무채색이지만 가장 상반되는 색이다. 검정은 모든 색을 흡수하여 감춰버린다. 흰색은 어떤 색도 받아들이지 않고 반사시킨다. 이같이 이질적인 성능으로 어울리지 않을 것 같지만 검정과 흰색의 조화는 최고의 명콤비를 이룬다.

사전에서 흰색의 의미는 청결, 순수, 깨끗함, 청순함과 차갑고 딱딱함을 내포한다. 검은색은 침묵, 비밀, 신비, 권위, 세련됨을 지니지만 공포, 암흑, 두려움도 나타낸다. 그에 걸맞게 중요한 행사나 의식이 있을 때는 수장뿐만 아니라 참석자들은 검은 의복으로 최고의 예를 갖춘다. 검정 양복은 권위와 정중함에 있어 더할 나위 없다. 여자들에게도 예의를 갖춘 정장 차림의 예복은 검은 옷이다.

Black 하면 정상들의 예복이 떠오른다. 대통령 취임식에서나 UN 본부 회의장에서 사무총장을 비롯하여 각 나라 대표들도 검은 양복 차림이다. 교향악단 지휘자의 연미복도 목사님과 이스라엘 유대교 랍비들도 치렁거리는 검은 예복을 입고 집전한다. 장례식의 슬픔도 검은 옷으로 예의를 표한다. 이런 복식은 하나같이 최고의 위엄과 엄숙, 근엄함을 상징한다.

White는 병원의 의사 선생님과 간호사의 가운이 있다. 결혼식장의 신부 드레스와 천사들의 날개도 있다. 깨끗함과 순결함을 나타내는 것 중에 신부 드레스가 순결의 상징으로서 최고조에 달한다. 우리나라는 백의민족이다. 결혼식이나 장례식뿐만 아니라 일상생활의 평상복으로 거의 흰옷 차림이다. 깨끗함을 나타내는 흰옷은 예의 바르고 정숙한 생활을 가장 큰 미덕으로 여겼던 우리나라의 풍습을 대변한다.

흑과 백은 비슷한 것이 없는 완연히 상반되지만 검은 정복 차림의 예복에는 예외 없이 흰옷을 곁들여 갖춤으로 조화를 이룬다. 여자들의 정장 차림에도 거의 흰옷을 곁들여 입는다. 흑과 백이 어울림으로 가장 완숙함을 이룬다.

어울림이란 언제 어디에서나 필요하다. 우리의 생활도 화합하지 않고 혼자 살아가는 것은 힘들 뿐만 아니라 오래 지속할 수 없다. 가장 어려울 것 같은 흑과 백의 조화로 완전함을 이루는 것같이 내 삶도 여러 곳에서 어떤 형태로서도 남에게 양보하고 남을 수용하면서 묻혀 살아간다.

초봄에 유럽 크로아티아에 가족들과 자유여행을 떠났다. 12일 동안 수도 자그레브를 비롯해 네 곳의 도시를 돌아다니며 한껏 호기심을 충족시켰다. 성안을 비롯해 골목 구석구석을 누비는 여유로움으로 여행의 즐거움은 두 배였다.

관광을 다니며 며칠간은 느끼지 못했다. 여러 날 다니다 보니 사람들은 하나같이 검은색 옷을 착용하고 있었다. 2월 겨울 끝자락이라 그런지 어느 도시에서나 디자인은 달라도 남녀노소 가릴 것 없이 검은 옷차림이 다수였다. 그렇다고 몸가짐이나 인상은 근엄하지도 슬퍼 보이지도 않았다.

프랑스, 이테리, 독일을 비롯해 추운 나라 스웨덴, 노르웨이를 다녀도 검은 옷 착용은 눈에 많이 띄지 않은 것 같았다. 밝은 옷을 입고 당당하고 활기차게 다니는 유럽인이라는 느낌을 받았다. 검은 옷차림으로 인해 크로아티아 사람들이 어두워 보이거나 우울하고 무거워 보이지 않았으며 오히려 온전하고 친절하며 차분하였다. 학생들이 떼지어 다니는 것도 눈에 띄지 않았으며 우리네 아이들같이 크게 얘기하며 야단스럽지도 않았다.

크로아티아 국민들은 예복이 아닌 평상복도 모두들 검은 옷을 입는다. 우리 조상들이 흰옷 입기를 선호하였던 것처럼 검은 옷이 국민색인지 다른 컬러 옷을 찾기 힘들었다. 출근하는 젊은이가 검은 옷차림에 베이지 바바리코트를 입은 여성을 가뭄에 콩 나듯이 볼 수 있었다.

유럽의 건물은 동양의 목재 건물과 달리 거의 대리석으로 건축되었다. 오래된 건물이라도 크게 낡아 보이지 않고 근엄하고 품위가 있다. 도시의 분위기가 들떠 있거나 산만하지가 않고 조용하고 차분함이 곁들어 있다. 흰 피부와 브라운의 머리카락이 검은 옷과 맞물려 단아하고 정겹게 느껴진다. 남자들은 준수한 외모에 신사의 품격을 높여 돋보이기도 하였다. 수도 자그레브의 주말 오후 가장 복잡한 거리인데도 모두들 검은 옷차림에 차분한 모습으로 상점들을 들르는 정경이 너무 인상적이었다.

크로아티아 시민들의 검은 옷차림에는 무거움, 침묵, 비밀보다 온유함이 담겨져 있었다. 어느새 검은 옷에 익숙해졌는지 나도 편안하다. 여행객들은 순수함에서 우러나는 그들의 엷은 미소에 고개를 숙이게 만들었다.

검정은 흰색뿐만 아니라 어떤 색과도 조화를 이루며 완숙함을 더해준다. 검정의 본성은 침묵, 권위의 선입감이 있으나 크로아티아 검정에는 세련미와 신비로움이 묻어난다. 이번 여행으로 검정의 보편적인 고정관념을 완전히 깨뜨렸다. 검정도 얼마든지 우아하고 부드러울 수 있음을 보았다.

백의민족이었던 우리나라가 해방 이후 70여 년간 흰옷이 거의 사라졌다. 그뿐인가. 단일 한민족인 나라에 다문화 가정이 늘어간다. 도덕성도 희박해지며 자유분방해지는 경향이 있다.

크로아티아는 전쟁이 끝난 지 겨우 20여 년이 되었다. 아직도 전쟁의 악몽을 완전히 벗어나지 못해 후유증으로 깊이 억압된 고통에서 온전한 자유를 누리지 못하는지도 모른다. 그들에게도 전쟁의 억압에서 벗어나 다각적으로 어우러진 옷을 입고 온전한 자유를 만끽하는 번회의 날이 올 것이다.

Me Before You

'Me Before You'는 영화 제목이다. 나는 대체로 영화 관람을 자주 한다. 이번 주에 본 영화는 큰 뜻이 있는 멜로영화로 생소하고 슬프지만 감동을 주는 영화였다. 현대 로맨스영화라 생각하고 가벼운 마음으로 상영관으로 들어갔다. 곧 영화가 시작되었다 .

영화의 줄거리는 순정과 존엄사를 다룬 깊은 뜻을 곁들인 영화였다. 그렇지만 화면은 우울하거나 무겁지 않게 단순하고 보편적으로 이어 간다. 멋지고 핸섬한 엘리트 청년이 바쁘게 출근을 한다. 큰길을 건너며 질주하는 오토바이에 치여 교통사고가 일어나는 장면으로 영화가 시작된다.

주인공은 교통사고로 척추를 다쳐 목 아래 전신마비가 된다. 2년 동안 치료를 받으며 고통 속에서 지낸다. 큰 성의 성주 아들로 핸섬하고 유능한 기업인으로 모든 방법을 동원해 끈질긴 치료에도 효과가 없다. 최고의 지성인이었지만 6개월 후 존엄사(안락사)하기로 가족들과 의논하고 간병인을 구한다.

6개월간의 간병사를 구하는 광고를 보고 처녀 가장인 여자가 성으로 찾아간다. 시골뜨기 같은 옷차림에 조금은 우스꽝스러운 모습으로 들어서는 간병사를 보자 환자는 발작을 하며 거부반응을 일으킨다. 간병인은 보수가 많고 6개월간의 기간제라 어려움을 감수하고 최선을 다해 열심히 일한다. 정직하고 순수하게 혼신을 다하는 간병인에게 환자는 조금씩 마음이 열린다.

간병인은 정성을 다해 환자를 돌보며 안락사 마음을 돌려 보려 갖은 애를 쓴다. 외출을 싫어하여 집안에만 있는 환자를 설득하여 어렵게 나들이에 나선다. 환자가 Mozart 음악회에 가고 싶다고 한다. 외출의 어려움을 무릅쓰고 음악회에 간다. Mozart Violin Concert 연주를 바라보며 엷은 미소를 띠며 행복해한다. 음악회가 끝나고 환자의 추억이 있는 여러 곳을 찾아다닌다. 아름다운 경치와 Mozart Violin 음률의 흐름 속에 걷고 싶고, 사랑 고백을 하고 싶은 청년이 미소를 머금고 우수에 찬 눈빛으로 여인을 바라보는 간절함, 맑은 웃음으로 받아들이는 간병인의 애틋한 사랑에 전율이 흐른다. 두 사람은 슬픔의 아픔을 마음 깊이 누르고 낭만을 즐기며 기쁨을 누린다.

환자 애인이었던 여자가 다른 남자와 결혼식을 올리는 예식장에도 간다. Pachelbel Canon 연주 속에 화려하게 결혼식이 거행된다. 엘리트 청년은 결혼식장에서 웃으며 신부에게 축하하며 초연하게 바라본다. Canon 음률이 아픈 마음을 달래주는 듯 결혼식장을 떠나가는 길에도 계속 흘러나온다.

6개월이 지나 세상 떠날 때가 되자 간병인은 스위스로 가지 말고 자기하고 살자고 간곡히 간청한다. 최선을 다해 행복하게 살아가도록 노력하겠다고 애원을 한다. 환자는 고맙다면서 인생은 자기 자신을 위해 살아야 살만한 세상이다, 이제는 자기가 하고 싶은 일을 하며 보람 있게 살아가라고 얘기해 준다.

청년은 직장이 없는 간병인 아버지를 자기의 성을 관리하는 관리인으로 추천한다. 임명장을 받고 아버지는 직장을 갖게 되어 기뻐한다. 또한 간병인에게 평생 동안 하고 싶은 일을 하며 살아갈 수 있는 많은 유산을 주고는 세상을 떠난다. 처절하면서도 감명 깊은 영화였다.

영화는 끝났으나 영화에 푹 빠진 몸을 쉽게 추스를 수가 없었다. 근래 보기 드문 순수한 사랑을 겸비한 존엄사의 깊은 뜻을 지닌 멜로 영화다. 출연 배우들과 영화사를 소개하는 마지막 자막에도 클래식 음악이 계속 흐른다. 영화에서 받은 감동과 음악에 매료되어 쉽사리 자리에서 일어설 수가 없었다. 가장 늦게 일어나 휘청거리며 겨우 나왔다.

그대로 돌아가기가 아쉽다. 주인공에게 스위스에 가지 말라며 눈물 흘리며 애원하는 간병인과 서양의 대표적인 엘리트 미남 청년의 매력에 한 번 더 빠져보고 싶었다. 복도에서 "한 번 더 볼까?" 하니 친구도 곧 그러자 한다. 매표소에서 20분 후에 상영되는 표를 구입하니까 매표원이 금방 관람하지 않았느냐 한다. 한 번 더 보겠다니 웃으며 표를 건네준다. 카페에서 커피 한 잔씩 구입하여 손에 든 채로 바쁘게 상영관을 향했다.

하녀의 신분으로 주인과의 사랑을 이룸으로 신분을 상승하는 소설이나 영화가 더러 있다. 우리나라의 춘향전이 있고 어린이 동화로 신데렐라가 있다. 이것은 신분 상승을 위한 계획적인 사랑은 아니지만 결혼과 동시에 여사의 신분이 상승되었다. 신분 상승을 위해 계획적인 사랑으로 하인이 안주인으로 상승하는 드라마도 있다. 이 영화는 성주와 도우미의 사랑이지만 진실과 순수, 헌신이 전부인 아가페 사랑의 결정체다.

두 번 연거푸 관람해도 전혀 지겹거나 지루하지 않았다. 돌아오는 길에 줄곧 주인공 미남 청년이 어른거리고 음악이 귀에 쟁쟁거렸다. 집에 들어서자 늦은 시간이었으나 급하게 Mozart Violin Concert CD를 찾았다. 음악을 들으며 영화의 장면들을 떠올려 본다. 지성과 미모를 갖춘 헌칠한 엘리트 청년과 촌스러운 듯 착한 간병인의 순수한 사랑이 온몸 깊숙이 촉촉이 배어든다.

부와 지식, 인격, 거기에 외모까지 갖춘 완벽한 청년이 교통사고로 건강을 잃는다. 시각과 청각, 지각은 온전하지만 육체적으로는 손가락 하나 움직일 수 없는 환자다. 2년간 모든 치료를 받았으나 전혀 차질이 없다. 결국 6개월만 더 살고 존엄사하기로 결정한다. 외국인 안락사는 어느 나라에서도 시행이 불가능하고 스위스에서만 허용된다. 환자는 죽음에 대한 준비를 하며 무엇을 생각하는지 죽음을 초월하여 어연하게 받아들이는 늠름함에 보는 사람은 눈시울이 젖어 온다.

간병사와 환자의 안락사 이야기는 멜로드라마가 아니다. 존엄사에 대한 내용을 다룬 뜻이 있는 영화다. 어려운 문제를 다룬 영화지만 그렇게 무겁지 않아 관람하는데 힘들지 않았다. 진실 속에서 최선을 다하는 진솔하고 순수한 사랑이어서 감동도 깊다. 안락사의 어려운 결정을 받아들여 침착하게 대처하는 부모님의 어엿함에도 놀랍다. 합리적인 의식 구조를 갖춘 서양 사람들의 자세가 오래도록 기억에 남는다.

병숙의 바다

송정 바닷길을 걷는다. 늦은 봄볕에 얼굴이 따갑다. 물거품조차 일지 않는 바다는 은빛으로 반짝인다.

'한둘 산행일'이다. 지하철 장산역에서 회원들이 모여 목적지를 향해 출발을 한다. 지하철 높은 계단을 밟고 지상에 올라 뜨거운 아스팔트길을 걷는다. 한참 만에 야트막한 산길에 접어들었다. 혼자서만 걸을 수 있는 숲속 길은 낙엽이 쌓여 폭신하고 아늑하다. 사람의 왕래가 별로 없는 한산한 길, 열기도 없고 즐겁기만 한 좁은 산길 따라 오르내리며 걷고 걸었다. 얼마나 걸었는지 눈앞에 우람찬 바위가 널려 있다. 바위에 오르니 망망한 바다가 펼쳐진다.

파란 하늘 아래 바다는 눈부신 나래를 펼치고 있다. 물결 따라 반짝거리는 여울이 지평선까지 뻗어 있다. 가벼운 바람이 피로를 풀어 준다. 해변을 걷기 위해 일어선다. 비탈을 내려오니 녹슨 철로가 보인다. 바다를 향한 철로를 따라 걷다 보니 병숙 언니 생각이 난다.

병숙 언니는 대학 기숙사에서 3년간 같이 생활한 영문과 상급생이다. 영문학을 공부하면서 학교 교지에 작품 투고도 하였으며 문학 이야기를 잘해 준다. 읽을 책 소개도 하면서 작가 소개도 상세히 들려주었던 문학 지망생이었다. 언니는 가끔 평범한 나의 머리로는 가늠할 수 없는 돌출행동을 하였으며 바다를 딱 한 번 보았다는 얘기로 바다를 그리워하였다. 비가 오는 어느 토요일 수업이 없어 각자 자기 할 일을 하는데 언니가 우산을 들고 슬그머니 외출을 하였다. 한참 만에 비에 젖어 생쥐 모양을 하고 돌아왔다. 의아해하니 교문 아래 신촌 철둑길을 혼자서 걸었다고 한다.

보통 키에 웃음이 예쁜 언니는 시간, 거리를 뛰어넘는 엉뚱한 얘기로 나를 당황하게도 만들었고 바다 얘기를 하며 부러워하기도 하였다. 자기 고향인 전북 정읍에는 바다가 없으며 교통도 매스컴도 없어 바다를 상상조차 할 수 없었다고 하였다. 그래도 딱 한 번 바다를 보았다고 한다.

우리가 학교 다닐 때 학술경시대회가 있었다. 전국 학교의 일등 학생들을 모아 각 도별로 시험을 쳤다. 일등 학생은 도의 대표가 되어 서울에 모여 또 시험을 쳤다. 병숙 언니는 전북을 대표해서 서울로 시험을 보러 갔다.

언니는 버스를 타고 서울 가는데 서해 바다가 보였다. 저게 바다냐고 기사님께 물었다. 그렇다고 대답하여 갑자기 가슴이 두근거리고 몸에 힘이 빠졌다. 바다를 뚫어지라 바라보다 기사님께 잠깐만 내려달라고 사정하였다. 버스는 아랑곳하지 않고 계속 달렸다. 학술경시대회 전북을 대표하여 서울에 시험을 보러 가는데 바다를 처음 보았다며 5분만 구경하겠다고 울듯이 간청하였다. 임기응변이 통했던지 기사님이 한참 바라보더니 빨리 갔다 오라면서 차를 세웠다. 바다로 향해 달려가는데 가슴은 쿵쾅거리고 눈시울이 젖어 들었다. 발아래 밀려오는 파도를 보며 어찌할 줄 몰랐다. 잔잔한 바다 너머 지평선을 보며 신기하고 감격스러워 눈물이 흘렀다. 클랙슨 소리에 놀라 돌아오는데 모래사장을 걸으며 신발을 벗었다고 한다. 꿈 많은 소녀의 바다는 그게 전부란다. 방학에 부산 가면 바다에 가느냐고 물었다. 바다에서 무엇을 하며 수영은 어떻게 하느냐며 이것저것 신기해하며 물어보았다.

병숙 언니는 졸업을 하였고 나는 4학년이 되었다. 어느 날 졸업한 언니가 어엿한 사회인이 되어 숙녀 차림으로 기숙사에 찾아왔다. 경향신문사에 입사하여 기자 생활을 한다고 하였다. 사회면에 에세이 형식의 '여성의 창'란을 맡고 있다면서 글 한 편 써서 보내라며 명함을 주고 갔다. 머리가 좋고 풍부한 감성에 상상력이 뛰어나며 글쓰기를 좋아하는 성품에 딱 어울리는 일을 한다고 축하하며 기쁨을 나누었다.

그 후 언니의 독촉으로 나는 어설픈 글을 보냈고 언니가 잘 다듬어 '서울의 생활'이란 글로 신문에 올리기도 했다. 그해 여름 집에 돌아와 방학을 보내는데 '어느 여기자의 죽음'이라는 제목으로 여류 소설가의 글이 신문에 실렸다. 자살한 여기자의 이야기로 자살 이유를 여러 가지 측면으로 실려 있었다. 언뜻 병숙 언니 같은 생각이 들었다. 그때는 TV 같은 매스컴뿐만 아니라 전화도 많이 보급되지 않아 신문으로 소식을 알 수밖에 없었다.

개학을 하여 짐도 풀지 않은 채 대학원에 다니는 언니 단짝 친구를 찾았다. 방학을 맞아 열흘간 집에 간 사이에 사고가 났다면서 자살하리라고는 생각도 못 했다며 친구 언니도 슬픔을 이기지 못했다. 병숙 언니 아버지는 정읍 대지주의 아들로 서울에서 대학을 다니며 서울 여자인 어머니와 연애를 하여 결혼을 하셨단다. 아버지는 일찍 돌아가시고 재산도 기울어 시골에 오빠 한 분과 여동생이 어머니와 함께 살고 있었다.

언니는 보통 사람들과 달랐다. 천재는 아니더라도 수재 정도의 명석한 두뇌에 감수성이 풍부하며 상상력이 남달랐다. 기숙사에서 나와 같이 생활하며 얼마나 답답했을까 하는 생각에 나중에 미안하기도 하였다. 한가로운 오후 부모님 연애 얘기로 즐거운 시간을 보내기도 했다. 우울하지도 염세주의도 아니었던 언니의 죽음이 때때로 파도처럼 밀려와 머물며 오래도록 잊히지 않았다.

오랜 세월 후 바다와 언니가 연관되며 소스라치게 놀랐다. 그렇게 그리워하던 바다를 한번 구경시켜 줄 걸, 방학에 집으로 초대하여 부산 바다를 두루 다니며 맘껏 누리도록 해 줄걸 왜 그 생각을 못 했을까. 그때는 정읍이 어디인지 부산에 어떻게 오는지 상상조차 할 수 없었다.

언니는 얼마나 오고 싶었을까 하는 생각에 마음이 아프다. 세월이 한참 지난 후에야 겨우 생각에 이르렀다. 바다는 모든 것을 품을 수 있는 깊고 넓은 넉넉함이 있다. 밀려오는 파도에 발을 적시며 가물거리는 지평선을 보았나면 무엇인지 모르셨으나 강박 관념을 이길 수 있지 않았을까, 후회와 낙심으로 가슴이 지려온다. 하얀 치아를 드러내며 순수하게 웃는 얼굴이 미안함과 죄스러움으로 밀려온다.

좁은 길 접어들어 바다가 보인다. 바닷길을 걷는다. 오월의 햇살에 반짝이는 바다에 눈이 부신다. 해맑은 병숙 언니 얼굴이 겹쳐진다.

'연을 쫓는 아이'를 읽고

'연을 쫓는 아이'의 작가 할레드 호세이니는 아프가니스탄인이다. 중앙아시아에 자리 잡고 있는 아프가니스탄은 접할 기회가 거의 없어 아는 게 별로 없다. 나라에 대한 무지함과 생소한 작가 때문에 남다른 호기심을 불러일으켰다.

작가 할레드 호세이니는 어머니가 일찍 돌아가시고 아버지 밑에서 어린 시절을 보냈다. 전쟁이 일어나 부친과 함께 미국으로 이민을 갔다. 어려움 속에서 공부하여 의사가 되었다. 아프가니스탄인으로 최초로 영어로 이 책을 저술하여 모국의 역사, 풍습을 많이 소개하였다.

책을 접할 때의 설렘이 감동의 여운으로 남아 이 글을 쓰게 되었다.

소설의 주인공 아미르는 사회적으로 덕망 있고 부유한 가정에서 태어났다. 어머니가 출산 후 일주일 만에 사망했으므로 아버지와 살았다. 오두막집에 살면서 부자가 이 집에 하인으로 살고 있는 하산도 어머니가 없다. 아미르 보다 일 년 후에 태어난 하산은 친구이자 형제처럼 지냈다. 주인공은 학교에 다녔으나 하산은 학교에 다니지 않았다. 그러나 아버지는 하산에게 하인 이상으로 너그러웠다.

이 나라에는 연중행사로 명절에 대대적으로 연 날리는 대회가 있으며 일등에게는 큰 상이 주어졌다. 아미르는 아버지를 기쁘게 해 드리기 위해 연줄 끊기 대회에 참가하여 일등을 하였다. 둘은 기뻐하면서 마지막으로 끊어진 연을 주워 도련님에게 주기 위해 하산은 연을 향해 힘껏 달렸다. 많은 사람을 제치고 연을 낚아챘다. 돌아오는 길에 그들을 괴롭히는 동네 불량배들이 하산을 붙들고 연을 빼앗으려 하였다. 하산은 끝까지 싸워 연을 지켰다. 불량배들은 화풀이로 아미르 앞에서 하산에게 성폭행을 가한다. 아미르는 눈앞에서 그 일을 보고 말리기는커녕 겁을 먹고 숨어 버린다. 집에 돌아와 아미르는 죄스러워하면서 괴로움을 참지 못해 하산을 도둑 누명을 씌워 집에서 몰아낸다. 영문을 모르는 아버지는 하산 부자가 집을 나가는 것을 극구 말렸으나 이사를 하고 말았다.

그 후 소식도 모르고 서로 다른 곳에서 생활을 한다. 아미르는 전쟁으로 아버지를 따라 미국으로 이민을 갔다. 미국에서 의사가 되었고 아버지는 돌아가셨다. 아미르는 결혼을 하여 가정을 이루어 살았다

어느 날 고향에서 아버지의 친구이자 자기도 아버지 다음으로 따르던 '라힘 칸'에게서 전화가 왔다. 꼭 만나야 된다는 말씀이라 친구분에게 찾아갔다. 하산이 아미르의 이복동생이라는 놀라운 사실을 알려준다.

아미르는 바로 하산을 찾아 나섰다. 자기의 잘못을 마음 한구석에 암처럼 품고 살아가던 아미르는 참담하기 짝이 없었다. 혼신의 힘으로 하산을 찾아다니는 과정에서 그 나라의 역사, 풍습, 전쟁과 사회 전반에 대한 생활을 알게 된다. 짬짬이 쏟아내는 글에서 소상하게 아프가니스탄을 소개한다.

아미르가 힘겹게 찾아다녔으나 하산은 전쟁 중에 고생을 하며 살다 아들 소랍을 홀로 남겨 두고 얼마 전에 세상을 떠났다. 아미르는 조카를 수소문하여 어렵게 고아원에서 찾아낸다. 자기를 거부하는 조카를 힘겹게 설득하여 집으로 데려와서 함께 살게 된다.

소랍은 미국에 와서도 마음을 열지 않고 아미르의 마음을 무척 힘들게 만들곤 한다. 죄스러운 마음을 가지고 살아가던 아미르는 하산에게 속죄하는 마음과 핏줄의 사랑으로 진심으로 보살핀다. 그러던

중 그 고장에서도 연날리기 대회가 열리게 되었다.

아미르는 조카에게 연날리기 대회에 참가하자고 제안한다. 조카는 싫다고 고개를 저었다. 아버지는 연날리는 특별한 재주가 있었다면서 그 기술을 가르쳐 주겠다고 권유한다. 겨우 설득하여 대회에 나가게 되었다. 소랍은 삼촌이 전수한 아버지의 기술을 발휘하여 일등을 하였다. 조카에게 마지막 싸워 끊어진 연을 주워줄까 하니 고개를 끄떡였다. 아미르는 미친 듯이 그 연을 따라 간다. 하산이 하였던 것처럼 '네가 원한다면 열 번 백번이라도 주워 줄게.'라고 중얼거리며 달린다.

아프가니스탄은 파키스탄과 인접한 나라로 에베레스트 등반할 때 거치는 나라라는 상식 외에 그저 막연하였던 나라였다. 작가는 그 나라의 역사와 풍습 사회 환경에 대한 소개로 나의 무지를 조금이나마 일깨워 주었다. 전쟁으로 인한 혼란과 비참함은 말로 할 수 없으며 국민들의 상처도 깊었다. 가족 관계에서 우리나라같이 적자와 서자의 차별함에 놀랐다. 오히려 우리나라보다 더 심했던 것 같다.

어린이에게 연은 꿈이라고 한다. 연 만들기를 완성하고 얼레에 연줄을 감고 연을 연줄 끝에 묶어 자기의 꿈이 하늘 높이 날아오르기를 바란다. 원대하게 품은 꿈이던 소박한 작은 꿈이라도 이루기를 바라며 날린다. 아미르는 자기 죄를 참회하며 조카의 연에 무거운 짐을 담아 멀리 날려 보냈을 것이다.

사람은 살아가면서 알게 모르게 크고 작은 실수를 한다. 잘못을 알게 된 다음에는 후회하면서 아파하며 살아간다. 나는 남편을 하늘나라로 보내고 아픔이 깊어져 갔다. 너무 갑작스러운 변이라 정신도 없었고 얼떨떨하였다. 병원에 입원 한번 못하고 한마디 말없이 내 곁을 떠났다. 남편에게 준 것도 없이 받기만 하고 잘못한 일도 많아 살아가면서 응어리만 쌓여간다.

하산을 배반하고 이별하여 살면서 자기의 비겁함을 두고두고 아파하며 살아가는 주인공. 하산이 이복동생이라는 사실을 알게 된 후 후회와 뉘우침으로 동생을 찾기 위해 곳곳을 누비는 초췌한 모습에 나 자신이 겹쳐지면서 아프게 다가온다. 아버지와 그의 죗값을 조카에게 갚으려는 진정성이 감동으로 전해 온다. 낮아질 대로 낮아지는 주인공의 순수함이 좀처럼 잊혀지지 않는다.

제4부

운이 좋은 여자

나의 어머니/ 2% 부족한 여자/ 2% 넘치는 여자/ 간이 큰 여자
운이 좋은 여자/ Home Coming Day/ 미관 309호

나의 어머니

부모님이 소중한 분이신 것은 누구나 알고 있다. 부모 사랑을 못잊어 평생을 가슴에 품고 그리워하며 살아간다. 그러나 자식에 대한 부모의 사랑은 그에 못지않게 더 크고 깊다. 우리 부모님도 자식 사랑에는 특별함이 있다.

나의 부모님은 어느 시골 마을의 돌담을 낀 두 옆집의 큰아들과 막내딸이었다. 부모님들의 뜻에 따라 아버지는 15세 어머니는 16세에 결혼하였다. 2남 6녀의 자녀를 낳고 기르며 육십여 년을 해로하였다. 시골 농부의 아들, 딸로 태어나 도시의 결혼생활에 어려움이 많았겠지만 나름대로 성공적인 삶을 살았다. 자식들은 잘 자라 모두 행복한 가정을 이루어 평범하게 살고 있다.

아버지는 멋진 분이셨다. 키가 크고 외모도 준수하고 그에 걸맞게 점잖았다. 공직에 오래 재직하고는 정년퇴임 후 사업을 하였다. 젊어서는 테니스로 몸을 관리하고 노후에는 골프를 즐겼다. 로터리클럽 임원으로 사회봉사에도 힘을 기울인 위엄과 품위를 겸비한 당대의 중후한 신사였다.

어머니는 키가 작고 나약한 면모를 지녔으며 얌전했다. 지혜와 사랑으로 근엄하신 남편을 잘 보필하며 많은 아이를 별일 없이 키웠다. 우리 가정은 8남매 중 딸이 여섯이라 딸 많은 집이라는 닉네임이 붙어 다녔다. 딸 부잣집이었으나 주눅이 들거나 위축되지 않았다. 아버지가 아들, 딸 차별하지 않고 키워서 그런 면에서는 전혀 상관이 없었다.

자녀들의 교육과 훈육은 아버지가 맡았다. 사회생활이나 학교 진로는 거의 아버지 몫이었다. 중학교 다닐 때 아버지는 많은 딸을 위해 학교 강당에서나 볼 수 있는 풍금을 구입해 주었다. 수시로 풍금을 치며 놀았고 큰언니가 치는 풍금 반주에 맞추어 형제들이 죽 둘러서서 노래를 불렀다. 참 즐거운 시절이었다.

자녀에 대한 아버지의 교육은 특별했다. 우리가 결혼할 나이가 되면 배우자를 고르는 일에도 몇 가지 주관이 있었다. 결혼하여 신혼여행을 다녀와 부모님께 인사드리면 덕담을 해 주신다.

첫째, 여자는 직장을 갖지 말 것. 여자가 경제력이 있으면 남자는 책임감이 줄어들고 게을러진다.

둘째, 보증을 서지 말 것. 사람, 금전의 보증은 뜻하지 않은 변을 당해 몰락할 수도 있다.

셋째, 주식을 하지 말 것. 노력하지 않고 일확천금을 노리는 것은 망하는 지름길이다.

넷째, 재산 보유는 부동산이 안정적이다. 현금은 부동산보다 보장성이 희박하다.

우리에게 내린 교훈은 지금까지 잊지 않고 몇 가지 항목은 내 아이들의 교육에까지 내려간다.

가정의 전반적인 일은 어머니가 처리하였다. 아버지는 어머니가 하는 가정일에는 전혀 관여하지 않았다. 어머니는 우리들에게 사랑이자 희생이었다. 어머니를 생각할 때마다 애틋함과 저려오는 마음은 어쩔 수 없다. 어머니는 넓은 가슴으로 우리를 품었고 매 한 번 들지 않았다. 자라면서 어머니께 매를 맞아 본 일이 없다. 그 시대가 그랬는지 어머니는 우리에게 크게 요구한 일이 없었으며 어머니의 말씀에는 거역하지 않고 순종했다.

우리 형제들은 적당한 나이가 되면 결혼을 하였다. 한가족이 된 사위나 며느리들도 한마음으로 어머니를 따르며 그 사랑에 고마워한다. 모두들 이구동성으로 어머니를 조선시대의 여성상이라는 품평을 내리며 자랑스러워한다. 서울에 살고 있는 외손녀 사위가 회사 일로 부산에 출장을 와서 바빠서 외할머니 집에 들르지 못하면 밤 12시가 되어 문을 두드린다. "할머니!" 하고 들어와 할아버지 할머니께 큰절을 올렸다. 지금도 모이면 우리 할머니 같은 분은 어디에서도 찾아볼 수 없다면서 입을 모은다.

가깝고 먼 친척 분들과 우리 집을 거쳐 간 분들까지 여러 해 지난 후에도 어머니 이야기를 한다. 해삼과 전복 행상을 하시던 아주머니는 몇 년을 다니다 임신을 하여 늦둥이를 낳았다. 바람둥이 남편은 가정을 돌보지 않아 출산 후 겨우 한 달 지나 아기를 업고 장삿길에 나섰다. 이를 보다 못한 어머니는 가끔씩 아기를 안방 따뜻한 이불 밑에 눕혀 놓고 나머지 물건을 팔고 돌아와 아기를 업고 가도록 하였다. 때로는 해가 지고 어둑어둑해야 돌아오기도 한다. 나는 대학을 졸업하고 집에 머물러 있으며 불편힘을 느끼기도 했다. 아주머니는 아기가 다 큰 후에도 장사를 계속하면서 결혼한 나와 내 동생 집에도 다녔다. 그러다 보니 친척같이 지내며 왕래하였다.

행상을 하시며 인연을 맺은 아저씨들도 몇 분 있었다. 양말, 내의 장사 아저씨는 오랫동안 소식이 없다가 사장이 되어 찾아와 어머니 덕분에 지금은 잘살게 되었다고 인사를 한다. 어머니 장례식에는 이런 분들이 여럿이 참석하셨다. 그렇게 나약한 분이 무슨 힘으로 사람들에게 그렇게 큰 사랑을 베풀 수 있었는지 알 수 없다. 그 넓은 치마폭이 어디서 오는 것인지 더욱 신기하기도 하다.

위로부터 아래 손자 외손자 며느리, 손녀사위에게까지 고루고루 구석구석 사랑을 베풀었다. 금방 쓰러질 것 같은 그 작은 체구로 그렇게 큰 사랑을 베풀고 모든 사람들을 끌어안느라 고단하지 않았을까. 자신을 위해서는 무엇을 하였는지 마음이 아프다.

아버지보다 어머니가 먼저 병이 났다. 암으로 1년 넘게 병원, 집을 오가며 고생하다 돌아가셨다. 그 와중에 아버지는 치매가 와서 서서히 깊어지더니 어머니 가신지 2년 만에 어머니 곁으로 가셨다. 장남인 남동생과 올케는 결혼하자 곧 분가하여 20여 년 살다 어머니 발병 후 합가를 하였다. 올케는 젊은 나이에 어머니의 병간호에 정성을 기울였다. 어머니는 며느리에게 내린 사랑을 다 받고 1년 6개월 만에 돌아가셨다. 치매인 아버지 모시기에도 최선을 다했다. 남동생 가족들은 4년 동안 병든 부모님 모시기에 정신없이 살았을 것이다.

우리 형제들은 흩어져 살면서 부모님 기일에도 만나기 어렵다. 어쩌다 모이면 한마음으로 부모님을 그리워하며 끝없이 이야기꽃을 피운다. 이날만은 살아계시는 어머니 아버지를 뵙는다. 남동생 가족에게 지금도 한없는 고마움을 느낀다. 노년기를 맞은 동생도 자녀들의 결혼으로 독립하고 조용한 노후를 보낸다. 감사를 올린다.

2% 부족한 여자

1.

오늘 산행은 구만산 계곡이다. 고교 동창 등산 모임인 '한둘 산우회'는 봄가을 정기적으로 행하는 산행 행사가 있다. 이번 가을에는 구만산 계곡을 선택하였다. 매주 근교의 산에 오르는 것도 좋지만 행사기간 특별산행은 미지의 산에 오르는 호기심으로 더 큰 기쁨을 준다.

이른 새벽 강서 구청 지하철역에서 기대와 설렘으로 봉고차에 올랐다. 밀양 산내면으로 향하며 좁은 차 안에서 빵과 커피로 아침을 대신

하였다. 멀고 새로운 산에 오르는 기대감도 있지만 봉고차로 산행지로 향하는 긴 시간 경치 구경 못지않게 웃음 넘치는 유머에 노래도 부르며 간식 먹는 즐거움도 한몫 더한다.

산내면에 도착하여 높지 않은 구만계곡을 향해 올랐다. 구불구불한 산길이 구만리라고 구만고개라 부른다. 구만리 고갯길은 멀고도 먼 산길이지만 험하지도 가파르지도 않은 완만한 오솔길이었다. 산속으로 들어갈수록 숲이 깊고 좋은 경관과 햇빛을 가려 주는 우거진 나무가 터널을 만든다. 길가에 흐트러진 들풀은 우리를 반겨 주듯 나풀거리고 산 아래 개울은 시원한 물소리를 들려준다. 걷기에는 최상의 숲속 길이었다. 발걸음도 가볍게 우리는 걷고 또 걸었다. 걷다 힘들면 준비해 온 간식을 나눠 먹으며 잠깐 쉬었다. 험하고 높지 않은 대신에 이름 그대로 끝이 보이지 않는 길고도 긴 구만리 고갯길이었다. 평소에 조금 힘든 구간이면 힘들어하는 다리가 부실한 회원 두 명은 걷기를 포기하고 물이 흐르는 개울로 내려갔다.

일마를 걸었는지 물소리가 요란하다. 산행 대상이 폭포 소리라며 거의 다 왔다고 한다. 쿵쾅거리는 물소리가 점점 커지며 목적지에 가까워졌음을 알렸다. 기분이 상쾌해 지며 덩달아 힘이 솟으며 발걸음도 빨라진다. 기폭도 넓고 높이가 있어 굉음과 함께 떨어지는 폭포 물줄기는 장관이었다. 환호 소리와 함께 폭포를 향해 달려간다.

폭포로 가기 위해서는 낮은 언덕 아래 흘러 내려오는 물을 건너야 했다. 한 사람씩 가볍게 뛰어 건너며 내 차례가 되었다. 힘껏 뛰었는데 바위 끝에 발이 미끄러지며 힘을 쓰지 못했다. 순간 철벅 소리와 함께 물에 풍덩 빠지고 말았다. 얕게 흐르는 냇물이지만 모두들 놀라 어쩔 줄 몰라 한다. 산행 대장이 급히 달려와 건져 주었다. 물 밖으로 나와 보니 머리에서 발끝까지 흠뻑 물에 젖어 비 맞은 생쥐 모양새가 되고 말았다.

주위 사람들이 모여들었다. 모두 놀란 얼굴로 걱정스러운 눈길을 보낸다. 어이없기도 하려니와 멋쩍어 일어설 수가 없었다. 고개를 들지 못하고 먼저 가방을 내려놓고 젖은 옷을 털었다. 신발도 벗었다. 다친 곳이 없음을 본 친구들이 박장대소하며 웃기 시작하였다. 부끄럽고 놀란 가슴 쓸어안으며 나도 어설프게 웃었다. 주위 사람들도 웃음을 띠며 제자리로 돌아갔다. 힘차게 쏟아지는 폭포수로 피곤이 가시며 찜찜한 기분은 폭포 소리와 함께 가뿐하게 날려 보냈다.

시원한 폭포수 물줄기 바라보며 넘쳐나는 물가에 둘러앉았다. 신발을 벗고 젖은 옷을 입은 채 엉거주춤 같이 앉았다. 각자 준비해 온 도시락을 꺼내며 모두들 내 도시락에 눈길이 쏠린다. 다행히 기능성 가방 탓에 내용물은 뒤죽박죽 헝클어졌지만 물에 젖지 않은 도시락으로 늦은 점심을 먹었다. 그나마 다행이었다. 쿵쾅거리며 힘차게 낙하

하는 폭포수와 주위 경관에 취해 수다를 떨며 웃는 동안 어느새 옷은 다 말랐다. 신발도 기능성 등산화라 그런지 대충 마른 것 같은데 양말이 문제였다. 마침 한 켤레 여유로 준비해 온 친구에게 얻어 신었다.

굉음에 맞추어 쉬임없이 내리치는 폭포수를 보고 싶었다. 구부러진 오솔길을 얼마 오르지 않아 냇물에 다다랐다. 구만리 길 숲속은 이른 가을 단풍 준비를 하고 있었다. 맑은 물소리는 우렁찬 폭포와 다른 감동을 안겨 준다. 떠나고 싶지 않은 구만 폭포다.

조심성 없고 천방지축인 나의 성격이 아직도 남아 있는 모양이다. 긴 세월 지나는 동안 모자람은 날려 보냈나 했는데 적절한 순간에 물속에 빠지는 실수를 저질렀다. 천성을 변화시키는 작업은 무척 어려운 일인가 보다. 2% 부족함을 유감없이 발휘했다.

2.

마음에 없는 것이 아니다. 이해 못 하는 것도 아니다. 말로 표현을 못 하니 입을 다물고 있을 뿐이다. 나는 둘이서 얘기를 하면 머리에서는 이미 이해를 하고 있지만 말을 못 한다. 내 뜻을 조리 있게 상대방에게 전달할 수 없다.

내 입술은 우둔하기 짝이 없어 정확하게 말을 할 수 없다. 한마디로 말주변이 없는 것이다. 말 뿐만 아니라 글을 읽어도 마찬가지다. 책이나 신문을 소리 내어 매끄럽고 유창하게 읽을 수 없다. 읽다 보면 더듬거리고 혼란이 온다. 기도를 드려도 또박또박 소리를 내며 차분한 기도를 드리지 못한다. 얼마 못 가 입만 달싹거리며 중얼거리는 기도가 된다.

친구들과 얘기를 해도 차분하고 또렷하게 할 말을 못 하고 내용을 잊기까지 한다. 어떤 일에 의견 차이로 입씨름을 하고 집에 돌아와 생각하면 적절한 표현을 찾지 못해 후회할 수밖에 없다. 집에 오면 모든 말을 말끔하게 찾아내는데 말이다. 말로는 번번이 녹다운 당하니 아예 입을 다문다.

나는 왜 언어에 유창하지 못할까. 침착하게 또박또박 말을 잘하는 친구가 부럽다. 체념하고 나대로 살아야 할 수밖에 없었다. 어느 날 TV를 관람하던 중 출연자들이 친구로 인하여 곤란을 당했던 일을 소개하고 있었다. 한 아나운서의 얘기로 친구가 자기도 아나운서가 되고 싶다면서 그 길을 알려 달라고 한다. 자기가 볼 때는 그 친구는 아나운서가 될 수 없다고 한다. 이유인즉 친구는 입술이 두텁고 음성톤이 저음이라고 한다. 나는 깜짝 놀랐다. 내가 말이 유창하지 못한 이유를 비로소 알게 되었다. 바로 두터운 나의 입술이었다. 음성도 부드러운 여성적인 고음이 아닌 저음이다.

그러다 보니 나대로 지혜가 생겼다. 몸과 마음으로 하는 일 외에 말을 하는 일에는 참여하지 말자. 말 잘하는 친구를 부러워 할 것도 없이 2% 부족하게 사는 것이 최선의 길이다.

3.

11월 막바지다. 겨울 문턱에 들어섰다. 초조함 속에 두근거렸던 가을을 보내고 Old Pop Song을 들으며 12월을 맞는다. 성탄절이 다가오며 Christmas Carol Song과 함께 예수 탄생의 기쁨을 누린다.

11월 중순경이면 Old Pop Song이 온 집안에 넘쳐난다. 12월에는 Carol Song이 창문 밖으로 번져 나간다. 추억의 시간이기도 하고 환희에 찬 기쁨이 넘친다.

학년말 시험을 치르고 친구들과 가벼운 마음으로 Carol Song이 넘쳐나는 신촌 골목길을 걸었던 일, Carol이 넘치는 발걸음은 감동으로 생각에 잠기기도 하지만 어깨를 들썩거리며 탄성을 지르고 싶은 마음으로 걸었던 시간의 추억에 빠진다. 성탄절 새벽송을 위해 24일

저녁 교회에서 밤을 지새우고 통행 사이렌이 울리면 선물 포대기를 들고 교회를 나선 일, 딱 한 번이지만 방학을 맞아 기숙사 마지막 예배를 성탄절 축하 예배로 드렸다. 늦은 밤이지만 등불을 들고 교정을 두루 다니며 예수 탄생을 알렸다. 캄캄한 총장 공관 앞에서 그 밤의 마지막 찬송을 불렀다. 불이 켜지며 창문을 열고 김활란 총장님이 환만 미소를 띠며 함께 노래를 불렀다. 노래가 끝나자 "Merry Christmas!" 하며 손을 흔들었다. 우리도 소리 높이 "Merry Christmas, Happy New Year!"을 외쳤던 일도 생각난다.

국악은 한국인이 불러야 깊은 뜻이 배어나듯이 서양 음악은 서양인이 불러야 제맛이 난다. 그 시절의 빛나는 가수들을 잊을 수 없다. 풍성한 성량으로 부드럽게 부르는 노래를 들으며 환희에 찬 행복감에 젖었다.

영국 비틀스의 Yesterday, 미국의 Jazz 음악이 세계를 흔들었고 우리의 많은 가수들이 불렀던 주옥같은 가요를 좋아하며 가끔씩 흥얼거리기도 한다. 그러나 12월 겨울 문턱에 서면 Old Pop과 Carol은 모든 다른 음악을 무색하게 만든다. 서양 가수들이 부르는 Old Pop과 Carol만이 마음속 깊이 파고들어 다른 어떤 음악을 받아들이지 않는다. 지금까지 해를 거르지 않고 눈물겹도록 나를 들뜨게 만든다.

추억에 젖어 행복해하는 오랜 집착은 지금에 와서 떨쳐 버려도 될 것 같은데 좀처럼 벗어나지 못한다. 이것 역시 2% 부족한 소치인가 보다.

2% 넘치는 여자

1.

절약과 집착은 어떤 차이가 날까. 우리 집 장롱이나 그릇장에는 옛날의 금잔디같이 긴 세월의 흐름이 보인다. 그릇의 세월이 주인의 결혼 연수와 버금간다. 버릴 줄 아는 주부가 현명하다는 요즘 추세지만 버림에는 전혀 익숙하지 않은 나다.

내가 즐겨 입는 옷들도 마찬가지다. 계절이 바뀌어 세탁물을 고르고 바꿔 입을 옷을 정리하다 보면 거의 오래된 옷들이다. 10년 지난

옷은 새 옷과 같고 20년 하다못해 30여 년 된 옷들도 장롱 속에 버젓이 간직되어 있다.

나는 디자인이 단순하고 평범한 옷을 입는다. 주름이 많고 곡선으로 이어진 드레시한 의류보다 기본형에 가까운 간편함을 선호한다. 디자인이 복잡하지 않고 보편적인 밋밋한 옷은 눈에 쉽게 띄지 않고 유행에도 민감하지 않지만 수명이 길어 오래도록 입을 수 있다. 입다 보면 현대적인 감각이 떨어진 감은 있으나 지겹거나 입기에 껄끄럽지가 않다. 묵은 옷들에는 아무도 모르는 그들과 나와의 간직한 이야기가 있다. 숨은 얘기를 속삭이며 옷을 입고 나서면 새 옷보다 정겹고 애틋함이 서려 있다. 어엿하게 입으면 가끔은 희소가치로 사람들의 눈길도 끌 수 있다.

부산 날씨로 올겨울은 유례없이 영하 6도까지 내려갔다. 내일은 영화 8도라는 일기예보다. 좀처럼 볼 수 없는 추운 날씨다. 강추위 덕분에 장 속에서 오래 잠자던 겨울옷들이 바람도 쐬고 빛을 보게 되었다. 가끔은 착복하였으나 20년이 시난 신 오버늘과 두꺼운 바지들이 총 동원이다. 겨울이면 새벽기도에 얼굴을 내미는 무스탕 코트는 30년이 가까워 온다. 뜻밖의 무스탕 출현에 보는 사람들은 놀라움과 더불어 나의 용기와 의지에 감탄을 한다. 의아한 눈길로 찬사와 경의(?)를 표해 주면서 자기네 무스탕 코트를 버린 것을 아쉬워한다.

이런 옷들을 버젓이 입고 다니는 뻔뻔함은 결코 절약 철학이 아니다. 절약 보다 넘치는 집착이다. 2% 더한 집착이 건전하고 모범적 근검절약 생활이 되었다.

2.

나는 여행을 좋아한다. 어릴 적에는 요즘처럼 여행을 다닐 수 없었다. 가족 여행은 물론이고 친구들과의 여행도 불가능하였다. 여행이라고는 초 · 중 · 고등학교의 수학여행이 전부였다. 초등학교 시절은 6 · 25전쟁 중이었고 중학교는 전쟁은 끝났으나 나라가 어지러웠다.

결혼을 하고는 사회가 어느 정도 평온하여 우리 형편으로 국내여행은 가능하였다. 콘도를 구입하여 방학이면 행사처럼 아이들과 여행을 다녔다. 아이들이 결혼을 하고는 전국 순례를 하다시피 가족여행을 다니며 즐겼다. 남편 정년퇴임 후에는 외국여행을 다녔다. 방학이 되면 온 가족이 한 팀을 이루어 여러 나라를 찾아다니며 누볐다.

여행은 집을 떠나서 좋은지 새로운 낯선 곳을 다녀서인지 무조건 즐겁다. 간편한 생활이지만 집을 떠나면 우선 살림에 손을 놓아 좋고 사소한 걱정을 잊는다. 그 여파인지 원래 성격인지 나이가 많아 여행하기에 힘든 요즘이지만 집을 떠나고 싶은 마음은 변함이 없다.

행선지는 가릴 것 없이 어느 곳이든 떠나기만 하면 된다. 눈앞에 펼쳐질 미지의 세계를 마음대로 그려 보고 새겨보면서 상상의 나래를 펴는 설렘이 온다. 어떤 여행이라도 감동으로 다가와 마음 조아리게 만든다. 여러 번 들렀던 곳일지언정 언제나 나에게는 신세계가 펼쳐진다.

여행이란 차를 타든 걸어 다니든 다녀서 좋고 볼거리가 있다. 보는 것의 감동과 놀라움의 여운으로 기쁨을 준다. 하루의 여행이라도 집을 나서서 떠나는 길은 가슴 설레게 하는 마취제다. 시도 때도 없이 떠나고 싶은 이것도 2% 넘침인가.

3.

징서적으로 성장의 부족일 수도 있다. 동정심이 풍부함인지 유치한 감성의 소치인지 뜻밖의 일을 당하면 감정의 수치가 기하급수로 오른다. 봄에 피는 꽃이나 산행 중에 길섶에 피어 있는 풀꽃을 보면 그냥 지나치지 못한다. 쪼그리고 앉아 어루만지며 쓰다듬고 감탄해 마지않는다. 같이 걷는 동행들은 무심히 지나치는데 유독 나 혼자 호들갑에 오두방정을 떤다. 눈빛 하나 변하지 않고 늠름히 걷는 동행을 보며 나 혼자 왜 이러지, 나한테 무슨 문제가 있나 걱정스럽다. 일상생활에서는 예민하지도 않고 소탈할 정도로 긍정적인데 평범한 환경에서 조금만 벗어난 일들을 접하면 급격한 변화를 일으킨다. 정서적 결함이 있는지 때론 두렵기도 하다.

어디 그것뿐인가 타인의 선행이나 아픈 일에도 단번에 흡입되어 솟구치는 감정을 조절 못한다. 감정을 제어할 수 있는 힘이 부족하다. 이태리 신부가 한국에 건너와 노숙인 500여 명의 저녁 식사를 제공하는 무료급식소를 운영하고 있다. 'KBS 인간 극장' 5회의 방송을 관람하고는 며칠간 끙끙거리고 있다. 외국에까지 와서 선행을 행하시는 김하중 신부님의 마음은 어떻게 생겼는지 보고 싶을 정도이다.

무료 급식소 운영에 감동 받은 사람들이 쌀을 실어오고 무, 배추도 실어오면서 나름대로 도움을 주고 있다. 나 역시 아주 작은 보탬이 되고 싶지만 아무 일도 못하고 우물거리기만 한다. 작은 나눔을 실천하면 될 일을 혼자 대처할 수 있는 능력이 없다. 평범하게 살아가는 생활에 누군가 이끌어 주지 않으면 결국 마음뿐 아무 일도 못한다. 애틋함과 존경심으로 아쉬워할 뿐이다.

정서적으로 감동은 사랑에 기인한다고 생각할 수 있다. 선행의 고마움을 몸소 행하지도 못하면서 마음 조아리며 가슴앓이만 한다. 수

동적으로 살아왔기에 능동적으로 스스로 일을 시작하는 것은 내게는 어려운 일이다. 생각이 오래 계속되면 나이 먹은 나는 그 아픔을 감당할 수 있는 힘이 없다. 아름다움을 느끼는 감동이나 선행을 하고 싶은 마음은 어느 정도 적당한 곳에 머무르는 것이 바른길인 것 같다. 절제하는 능력도 건강을 지키는 길이다. 실천 못하는 사랑은 2% 넘치는 분간 없는 소치일 뿐이다.

간이 큰 여자

1.

내일 비가 온다는 일기예보다. 이번 모임은 해운대 호텔 뷔페에서 모이기로 예정되었다. 비가 온다는데 하고 총무에게 전화를 하였다. 해운대 앞바다에서 창밖으로 비 오는 바다를 바라보며 낭만을 즐기자고 한다. 즐겁게 화답하고는 설렘으로 아침을 맞았다.

새벽부터 비가 내린다. 출발 시간이 가까워질수록 비의 위세가 보통이 아니다. 세찬 비바람이 태풍 그 이상이었다. 해운대까지 갈 일이 꿈만 같아 총무에게 전화하였다. 이런 날씨에 모일 수 있느냐고 물으니 다시 연락하기 힘드니까 계획대로 모이자고 한다.

시간이 다가와 집을 나섰다. 차를 운전하여 도로에 나서니 태풍 기세에 다소 두렵기도 하였다. 간선도로 큰길로 가야겠다고 마음먹었으나 습관적으로 광안 해변도로로 접어들었다. 하늘이 구멍난 듯 비는 좍좍 쏟아지고 거센 바람이 거침없이 몰아친다. 파도를 칠 때마다 길 위로 바닷물이 치솟고 빗물은 미처 빠지지 못해 도로는 순식간에 물로 차 있다. TV에서 보도된 것처럼 자동차가 물속으로 빠져들며 작은 차들은 움직이지 못할 지경이다.

공포가 몰려와 집으로 돌아가야겠다고 생각하고 자동차를 돌리려니 어떻게 해야 할지를 몰랐다. 어쩔 수 없이 나는 기어가는 앞차만 따라가고 있었다. 바다를 힐끔 쳐다보니 만조가 된 바닷물은 세상을 쓸어 갈 듯 완강한 기세로 밀려온다. 파도가 몰아치면 방파제를 치고 차도로 튀어 올라 길 위의 자동차를 덮치며 거세게 철벅거린다. 파도에 덮친 차들은 어쩔 줄 몰라 옆도 돌아보지 못하고 앞으로 기어가기만 한다. 하늘로 용솟음치는 큰 파도 앞에서 인간은 나약하고 작아질 수밖에 없다. 길 위에는 물이 가득 찼고 파도는 끝없이 자동차를 덮치며 비는 여전히 내리퍼붓고 있었다.

어려운 상황 속에서 '미지의 대륙 아메리카 발견'이라는 영화가 떠오른다. 콜럼버스가 아메리카 대륙을 발견하는 이야기다. 스페인을 떠나 콜럼버스는 미지의 세계 탐험에 나선다. 큰 배에 많은 식량과 사람들이 승선하여 출항식에는 여왕까지 참석하여 격려와 축하를 보낸다. 닻을 올리고 의기양양하게 출발한다. 바다를 떠나 순항을 하다 비가 내린다. 비바람이 점점 거세어지며 폭풍우로 변한다. 넓디넓은 바다에 거침없이 내리치는 폭풍우에 큰 배는 조각배처럼 흔들거리고 뱃사람들은 사활을 걸고 사투하는 장면이다. 분노의 자연 앞에서 인간은 처절하리만큼 작고 미약하여 왜 저런 모험을 하는지 탐험가들을 이해할 수 없었다.

광안리 바닷길을 겨우 벗어나 바닷물과 멀어지니 다소 안정이 되었다. 큰길에도 군데군데 물이 넘친다. 쏟아지는 폭우를 뚫고 드디어 목적지에 도착하였다. 차에서 내리려니 어지럽고 눈물이 날 것 같다. 약속 장소에 들어서니 세 명의 친구만 앉아 있다. 두 명은 오는 도중에 돌아가고 한 명은 창밖을 내려다보니 붉은 흙탕물이 시냇물처럼 흘러내려 자동차도 사람도 다닐 수 없게 되어 포기하였다고 한다. 이런저런 이유로 네 명만 모여 식사를 하였다.

넓은 그릴에 손님들도 세 팀만이 설렁하게 앉아 있다. 선반에 차려진 채 손이 가지 않은 많은 음식이 심란해 보인다. 식사하는 손님들도 불안하게 보인다. 안정을 되찾자 간 큰 여자들만 모였다며 스스로 장한 생각에 너스레를 떨며 식사를 하였다.

돌아오는 길은 천지개벽을 일으킬 것 같은 태풍은 언제 그랬냐는 듯 온데간데없이 사라졌다. 한 치 앞을 못 보는 사람들의 미약함이 또 다른 두려움으로 엄습해 온다. 인간은 우주 앞에 얼마나 미비한 존재인가. 그래도 오늘 나는 멋모르고 간이 큰 여자가 되었다.

2.

남편과 가까운 황령산에 오르기 위해 집을 나섰다. 돌아오는 길에 추어탕 집에서 늦은 아침을 먹기로 하였다. 아파트 경내를 벗어나 큰 길 건널목 신호등 앞에 이르렀다.

공휴일이라 그런지 출근길 아침보다 사람들이 적고 여유롭다. 파란 불이 켜지자 사람들이 길을 건너려는데 시커먼 에쿠스 자동차가 앞을 가로막는다. 모두들 건널목에 접어들다 범짓 물러섰다. 그때 내 옆에 있는 남자분이 "예끼" 하고 소리쳤다.

지나가던 자동차가 건널목을 채 건너다 말고 차를 멈추었다. 건장한 남자 두 명이 내리더니 길을 건너려는 내 옆으로 다가온다. 옆 남자에게 "다쳤어?" 하고 묻는다. 놀란 남자는 멀뚱하게 쳐다본다.

"어디서 소리 지르고 난리야?" 하면서 덤비려고 한다. "다쳤을 뻔 했잖아." 남자의 대답에 무조건 다쳤느냐고 다그친다. 모두들 의아해하며 건너기를 그만두고 쳐다본다. 젊은 남자는 주먹을 움켜쥐고 눈을 부라린다. 군중들은 겁먹은 얼굴로 말없이 바라만 본다.

"한 이웃에 살면서 웬 짓거리야?" 하며 한방 치려는 듯 다가선다. 옆 남자는 한 걸음 뒤로 물러선다. "어느 가게요?" 대뜸 내가 한 걸음 다가서며 물었다. 젊은 남자가 쳐다본다. 나도 쳐다보며 "한번 가 보려고요." 했다. 그때 남편이 다가오며 "이웃끼리 이러지 말고, 젊은이 바쁘니까 가보시오." 한다.

젊은 사람이 옆 남자와 나를 째려보고는 남편에게 눈을 돌리더니 "아침부터 재수 없어." 하고는 돌아선다. 차가 떠난 후 사람들은 그때서야 저런 몹쓸 망나니가 어디 있어 저마다 한마디씩 중얼거리며 흩어진다. 옆 남자는 내게 고맙다고 인사를 하고 길을 건넌다.

남편이 길을 건넌 후 나를 한심한 듯 바라본다. "간이 배 밖에 나왔어." 혀를 끌끌 찬다. "오지랖이 넓은 것인지 무모함인지 사람 놀라게 하는 것도 여러 가지야. 어이없어." 하며 앞서 걸어간다. 나는 쥐죽은 듯 말없이 따라만 갔다.

그 일 후 얼마 지나지 않아 남편은 하늘나라로 갔다. 홀로 살아가면서 배 밖으로 나오는 간도 없어졌고 넓은 오지랖도 온데간데없이 사라졌다. 남편이 없는 지금 어떤 무례한 일을 보아도 간 큰 일은 절대 할 수 없다.

3.

지난 토요일 영화관을 찾았다. 매표구 입구에서 약속한 친구를 만났다. 영화 관람을 위해 상영 영화 제목을 보며 티격태격하다 '집행자'를 관람하기로 결정했다. 내가 강경하게 거부하니 신문에서 내용을 읽었다며 괜찮은 영화라고 친구는 완강히 우겼다. '집행자' 제목 자체가 끔찍스럽다. 내용이 파격적이 아닐까를 걱정하며 입장권을 구입하여 상영관으로 들어갔다.

영화가 시작히지 교도소의 진경이 비지[illegible]다. 동시에 '광' 하고 절문 여닫는 굉음과 으슥하고 살벌한 긴 복도의 음흉함 속에 쿵쿵거린다. 시작부터 관객을 공포 도가니 속으로 몰아넣기에 충분하였다. 배경은 실인 언도를 받은 죄수들이 복역하는 교도소로서 형이 집행되기 전까지 그곳 생활의 과정을 그렸다. 죄수들에 따라 적응하는 모습과 그들 서로 간의 인간관계와 교도관들과의 관계도 나타난다.

평범한 젊은 청년이 교도관으로 취임하여 근무를 한다. 일반적인 사회생활과 전혀 다른 곳에서 힘겹게 적응하는 과정이 리얼하게 펼쳐진다. 한 노련한 교도관 상사는 죄수들과 장기를 두며 갈비탕 내기를 하는 여유를 갖기도 한다. 젊은 교도관은 그 정경을 보고 놀란다. 시간이 지나자 자기도 모르게 그의 직업에 익숙해지면서 적응하는 자신에 놀란다.

그렇게 지나던 어느 날 사형 집행일이 임박해 사행 집행을 진행하는 집행자를 선정하라는 지시가 내려온다. 상관이 집행자를 지명하니 하나같이 못 한다는 이유를 말하며 손사래다. 교도관들의 거절하는 이유를 이해하면서 긴 한숨이 나왔다. 결국 제비뽑기로 세 명의 집행자가 가려졌다. 지정된 교도관들의 참담해하는 모습에 나도 모르게 숨을 몰아쉰다.

며칠 후 세 명의 사형수를 집행하면서 시작부터 숨이 끊어질 때까지의 과정이 리얼하게 전개된다. 사형장으로 가는 죄수들의 얼굴을 보니 처절하기 짝이 없다. 먼저 나오는 사람은 모든 것을 체험하고 담담히 걸어 나온다. 다음에는 자기 죄를 후회하는 일그러진 얼굴을 숙이고 힘없이 걸어 나온다. 다음 사람은 내가 왜 가느냐고 악을 쓰면서 버둥댄다. 어느 표정이나 태도를 보는 우리는 모두가 섬뜩하다.

대부분의 영화에나 사진에서는 사형 집행 과정과 집행 후의 모습을 정확하게 드러내지 않는다. 그저 막연하게 상상할 정도였다. 사형 집행 과정을 이렇게 상세하게 보기는 처음이다. 처참하다 못해 잔인할 지경이다. 마지막 집행자의 잔혹함에는 소름 끼친다. 뒷부분의 20%는 아예 눈을 감고 보는 것을 포기하고 영화는 끝이 났다.

영화에서는 교도관들의 애환과 인간미가 부각되어 있다. 살인자들의 인성과 인간관계도 내포되어 있다. 어느 정도의 휴머니즘도 있다. 죄를 지으면 이런 가혹한 형벌을 받게 된다는 교육적인 훈육도 있다. 도덕성 정화와 따뜻한 마음이 다가오기도 전에 빠짐없이 전개되는 사형 집행 과정의 참혹함이 뼛속까지 스며들어 몸서리쳐진다. 이런 영화를 만든 의도를 알 수 없다. 돌아오는 길에 다리가 후들거리고 어지럼증으로 휘청거리기까지 하였다.

사회 여론이 악화되면서 얼마 못 가 영화 상영을 계속 못 하고 도중하차하였다. 사회악을 끼치는 영화로 당연한 조치인 것 같다. 간 큰 여자라도 보기 힘들고 관람해서는 안 될 영화였다.

운이 좋은 여자

1.

163cm, 나의 신장 치수다. 우리나라 현대 여성의 표준 신장이 얼마인지 정확히 알지 못한다. 나의 잣대로는 요즘 70대 한국 여성의 가장 적당한 키는 163cm인 것 같다.

중 · 고등학교 다닐 때는 키 작은 아이들이 부러웠다. 앞줄에 앉은 친구들이 무척 좋아 보여 3cm만이라도 작았으면 하고 바랐다. 6년간 맨 뒷줄을 고수하다 보니 한 줄 앞에라도 한번 앉고 싶었다.

학년이 바뀌면 출석 번호를 정하기 위해 제일 먼저 키재기 줄을 선다. 조금이라도 작아지기 위해 무릎을 굽히고 고개를 숙인다. 때로는 선생님께 들켜 혼쭐나며 제자리로 돌아오기도 한다. 수단과 방법을 가리지 않고 시도해 봐도 맨 뒷줄을 떠날 수 없는 163cm이다.

우리나라는 급격한 경제발전으로 경제대국의 선진국에 이르렀다. 그에 걸맞게 식생활과 주거 환경이 좋아져 젊은이들의 건강 상태가 월등히 높아졌다. 키도 커졌다. 그런 의미에서 현대 여성의 표준 신장이 많이 상승되었음을 알 수 있다.

얼굴이 조금 못생겼어도 비만도 빈약함도 개의치 않는다. 미적 감성이 부족하여 멋과 세련미가 떨어져도 염려하지 않는 개성시대이다. 그러나 여기에 황금 신장을 갖추면 약간의 미비함을 대처해 주는 능력이 있다. 163cm는 이 부족함을 수용하여 더욱 빛을 내어준다. 주눅들지 않고 자존감을 갖고 당당하게 살아가게 하는데 힘을 실어 주는 163cm는 금상첨화이다.

절세미인도 아니고 세련미조차도 갖추지 못한 나에게도 163cm는 위대한 숫자이다. 나름대로 멋진 여자로 변신할 수 있는 신장이다 가정에서도 싱크대 앞에서나 높은 그릇장이나 장롱도 개의치 않는다. 벽에 그림을 거는 일도 거뜬히 할 수 있다. 현대 여성으로 가정이나 사회적으로 가장 보편적인 매력을 갖춘 안성맞춤의 신장이다.

운 좋게도 키 높이 163cm를 갖출 수 있게 만들어 준 부모님께 감사한다.

2.

내게는 나를 만들어 준 좋은 만남이 여러 번 있었다. 먼저 부모님이 좋은 인자를 갖춘 나를 태어나게 하였다. 건강은 물론이고 긍정적이고 보편적인 성격으로 평범하게 살아갈 수 있는 성품이 그것들이다.

초등학교 담임 선생님의 인도로 교회를 다녀 예수를 믿게 되었다. 한국에서 손꼽히는 훌륭한 목사님의 지도로 예수교의 진리를 바르게 알게 되었다. 중 · 고등학교 시절 성경대로 믿음을 지키라는 진리를 철저히 가르쳤다. 객지에서 대학을 다니다 방학을 맞아 돌아오면 칼빈주의 강의로 바른 믿음으로 신앙생활을 할 수 있는 기초를 닦아주었다. 지금까지 흔들리지 않고 바른 신앙을 가지고 참된 믿음을 지킬 수 있는 근원이 되었다.

대학에서 총장님의 높은 인격과 애국심을 바라보며 학문을 닦았다. 총장님에 대한 존경심으로 애국심, 도덕성, 배려를 배우며 품격 있는 성품으로 키워 갔다.

졸업 후 결혼을 하였다. 성실하고 자상한 남편을 만나 믿음 안에서 건강하고 온전한 결혼생활을 하였다. 아이들도 바르게 자라면서 장성하여 좋은 배우자를 만나 가정을 꾸려 행복하게 살아간다.

일흔 나이 고희를 바라보며 글쓰기에 입문하였다. 수필 교실의 교수님을 만나 좋은 지도를 받고 있다. 그 여파로 칠순이 넘어 생각지도 못한 책을 발간하였다. 택배로 배달된 13개의 책 상자를 쌓아 두고는 꿈만 같고 얼떨떨하기만 하였다. '한 알의 씨앗'으로 탄생된 수필집이 한없이 자랑스럽다.

일생동안 살아가며 이분들의 귀한 만남으로 나의 참된 지도자가 되어 앞길을 이끌어 주었다. 그 가르침으로 건강, 바른 믿음, 바른 인격을 갖추려 노력하였다. 부족한 점이 많지만 그래도 지금의 성품을 갖출 수 있었고 이 모든 것이 행복한 생활을 할 수 있는 길잡이였다. 만남의 운이 좋은 선택받은 여자다.

3.

아무 노력도 없이 나는 금메달의 타이틀을 거머쥐었다. 은메달도 있고 동메달도 있지만 다 물리치고 금메달을 둘러찼다.

20대에 결혼하여 신접살림을 차렸다. 신혼생활을 시작하면서 자연스레 자녀를 출산하였다. 첫딸을 낳았다. 두 번째는 은근히 아들을 바랐으나 또 딸이었다. 남편도 말은 없었지만 아들이기를 바랐던 것 같았다. 그렇지만 우리의 힘으로 어쩔 수 없는 일이었다. 세 번째는 고맙게도 아들을 낳았다. 기쁨 속에서 정성을 다하여 아이들을 키웠다. 자녀 네 명을 둔 가정도 있고 두 명인 가정도 있었지만 그 당시 세 명을 둔 가정이 가장 많았으며 이상적이었다. 우리도 아이 셋으로 출산에 마침표를 찍고 열심히 양육에 힘을 기울였다. 고맙게도 아이들은 튼튼하게 잘 자랐다.

자녀들을 둔 가정에 대한 이상형의 떠도는 유머가 있었다. 아들 둘, 딸 하나 가진 부모가 가장 바람직한 모델이라 하여 금메달이 주어졌다. 다음으로 아들 하나 딸 둘이 은메달, 아들 셋은 동메달로 낙점되었다. 점진적으로 여성 상위 시대가 오나 싶더니 어느새 자녀 수의 보편적인 모델이 바뀌었다.

아들 하나 딸 둘의 은메달이 승격하여 금메달로 등극하였다. 금메달이었던 아들 둘 딸 하나가 은메달로 낙하, 시대가 변하여 메달 순위를 바꾸어 놓았다. 내 뜻은 아니지만 어쩔 수 없이 어깨를 펴고 목에 힘을 세울 수밖에 없다.

세월의 흐름 속에 여러 면에서 많은 변화가 일어난다. 어느덧 하나씩 내려놓아야 할 지경에 이르렀다. 뜻하지 않게 금메달 어머니가 되었으니 우쭐해진다. 겸허한 마음으로 금메달 목에 걸고 운 좋은 여자로 여생을 보낼까 한다.

Home Coming Day

50년이 지났다. 일흔을 훌쩍 넘은 나이에 대학 졸업 50주년을 맞았다. 학교에서 졸업 50주년 기념 Home Coming Day에 초대한다는 초청장이 우송되었다. 학교 행사 하루 전날 가정학과 Coming Day가 열린다는 안내장도 받았다.

가정학과 Coming Day는 이번이 두 번째다. 졸업 30주년을 맞아 기념행사로 가정과 모임을 가졌다. 졸업하고 그간 산다고 전혀 만나지 못한 동창들을 보기 위해 부산 동창들은 단체로 비행기를 타고 서울로 향했다. 그 당시는 아이들 학교, 결혼 문제로 모두들 바쁜 50

대 중반이었다. 서울 친구들을 결혼 후 처음 만났다. 몇몇 교수님도 오시고 많은 동창을 보니 꿈만 같았다. 호기심과 설렘으로 공식 행사를 끝낸 후 가까운 친구들은 따로 모여 커피를 마시며 그동안의 이야기를 주고받으며 만남의 기쁨을 나누었다.

어느덧 20년이 지났다. 가정과는 학교 졸업 50주년 기념행사 하루 전날 강남에 있는 호텔에서 모임을 가졌다. 지방에서 외국에서 많이들 찾아와 반가운 해후였다. 교수님께서는 별세하신 분도 계셔 몇 분만 참석하셨다. 50년이 지난 지금 스승님과 제자가 한자리에 앉으니 외모가 비슷해졌다.

교수님 소개와 인사 말씀으로 시작한 행사는 시종 감동이었다. 식사와 사진 촬영을 끝으로 내일 학교 기념행사에서 만나자는 약속과 함께 공식행사가 끝났다. 30주년에 참석 못 한 우리 그룹 친구들도 모였다. 우리는 호텔 카페에 모여 그동안 지낸 이야기를 나누며 식당에서 늦은 저녁을 먹었다. 서울 사는 친구들은 매월 모임을 갖는다면서 서울 오면 연락하라고 한다. 내일 학교에서 만나자는 약속으로 늦은 밤에 헤어졌다. 그간 서울을 왕래하면서 친구를 만나지 않은 것을 후회하며 친구 얼굴을 차례로 떠올려본다. 50년 세월이 얼굴에 새겨져 있으나 마음은 졸업 당시 그대로였다.

다음 날은 개교기념일이다. 12시 총장님이 베푸는 만찬회가 있었다. 나는 학교 교정을 둘러보고 싶어 친구와 10시에 교문에서 만나기로 약속하였다. 5월 30일 May Day, 설레는 마음을 누르며 10시 교문에 도착했으나 화려하고 찬란했던 행사도 없고 재학생들만 눈에 띈다. 근엄함 속에 우아한 May Queen 대관식은 군사 정부 후 없어져 버렸다. 학교를 들어서면 높은 곳에 대강당이 우뚝 솟아 있었는데 나무들이 많이 자라 일부가 가려졌다. 교육관을 지나 운동장을 향해 올라가는데 그 넓은 파란 잔디밭과 사방으로 둘러진 스탠드가 보이지 않는다.

낯선 운동장을 바라보며 눈이 휘둥그레진다. 운동장 지하에 큰 건물이 지어졌다고 한다. 자세히 살펴볼 수 없어 사방을 두리번거리며 May Queen 대관식을 그려보며 한산한 길을 걸었다. 파란 잔디밭 위에 세워진 김활란 총장 동상이 보인다. 동상 앞으로 다가가 고개를 숙여 묵례를 올렸다. 총장 동상은 그대로구나 반갑고 고마운 마음에 깊은 숨을 들이쉰다.

본관 앞에 섰다. 우리 가정과 수업은 거의 본관에서 받았다. 석조 계단을 밟고 정문 앞에 들어섰다. 복도를 거쳐 2층 재봉실, 3층 요리실에 들르니 문이 잠겨 있다. 강의실에라도 들어가 보고 싶은데 May Day 휴교인지라 문이 잠겨 있다. 정적이 서려 있는 강의실을 창문으로 들여다보고는 아래로 내려왔다. 1층 과장님실에는 문패도 없고 조용하기만 하다. 사방을 기웃거리다 굳게 잠긴 강의실을 지나 허전한 마음을 안고 옆문으로 나왔다.

총장 공관을 지나 기숙사로 향했다. 교문 앞에 설 때 보다 더 설렌다. 대학 4년 생활의 전부였던 기숙사. 숲속에서 기숙사를 바라보았다. 미관을 올려다보며 309호 창문을 찾는다. 마음이 급해진다. 정문으로 향한다. 정문 앞 빨간 단풍나무가 보이지 않는다. 마음이 요동친다. 아치 정문에 들어섰다. 사무실 문패도 없고 문은 굳게 닫혀 있다. 맞은편 면회실도 조용하다. 한달음에 3층으로 향했다. 50년이 지났으나 침침한 계단은 여전히 눈에 익은 타일 바닥 그대로다. 309호 앞에 다가서니 가슴이 뛴다. 미관 309호, 교수님 연구실 문패가 붙어 있다. 노크를 하니 묵묵부답이다. 돌아 나오니 세면실은 없어지고 화상실이 남지 화장실 여자 화장실로 나뉘어 있다. 금남의 집에 남자 화장실, 혼란이 온다.

음악관 앞을 지나며 사방을 둘러보니 50년이 지난 교정이 많이도 변했다. 석조 건물은 그대로 있고 시멘트 건물은 모두 사라졌다. 학관, 기숙사 별관, 신관 대신에 더 크고 멋진 대리석 건물들이 줄지어 들어섰다. 새로 건립한 학관에 들렀다. 규모와 내부시설이 어마어마하며 휠체어가 오르내리도록 계단 대신 완만하게 만들어진 시설에 입이 딱 벌어진다. 시간이 촉박하여 완전히 돌아보지 못한 채 걸음을 재촉한다. 행사를 마치고 교정을 자세히 둘러보기로 하였다.

식당에 들어서니 많은 사람으로 인산인해를 이루었다. 과별 푯말이 붙어 있어 우리 과를 찾았다. 벌써 동창들이 모여 빈자리가 없다. 겨우 자리를 잡고 앉았다. 누구든 만나면 반가웠다. 총장님 대신 사무처장님의 인사로 식사가 시작되었다. 반가운 얼굴을 보고 인사하느라 식사는 뒷전이었다.

차려진 뷔페로 식사를 끝내고 2차 행사장인 대강당으로 향했다. 본관 다음으로 이화의 상징인 대강당. 문 앞에 서니 가슴이 울렁인다. 얼마 만인가. 사방을 두리번거리며 가정과 지정석을 찾았다. 자리에 앉아 Chapel 시간에 4년간 지정석이었던 2층을 올려다보았다.

기립 박수 속에 총장님 입장과 인사로 행사가 시작되었다. 가슴이 벅차 숨을 헐떡거릴 지경이다. 애국가에 이어 50년 만에 찾아주신 선배님께 감사드리며 앞으로 이화는 세계에 뻗어 있는 이화인과 많은 선배님으로 더욱더 발전하겠다는 총장님의 말씀과 함께 1차 행사가 끝났다. 2차 행사로 올해의 이화인 행사가 시작되었다. 졸업 30주년을 맞는 졸업생들을 과별 대표를 뽑아 이화인으로 선정하여 재학생 May Queen 대관식을 대신하였다. 다채로운 순서가 계속해서 진행됨에 따라 자존감으로 뿌듯하다. 교가 제창으로 모든 행사가 끝나고 흐뭇한 마음을 안고 돌아섰다. 강당 입구에서 재학생들이 나누어 주는 기념품을 받았다.

나는 진선미 배꽃 학교의 이화인이다. 졸업 50주년을 맞은 자랑스러운 이화 졸업생이다. 하늘을 날 듯 감동으로 부푼 마음을 안고 돌계단을 밟고 내려오는 발걸음이 조금은 휘청거린다.

미관 309호

기숙사 아치문에 들어섰다. 설레는 마음은 뛰기까지 한다. 사감실 문이 닫혀 있다. 왼쪽 면회실도 굳게 닫혀 정적을 이룬다. 공동식당은 교수실 식당 문패가 붙어 있다. 유리창으로 넌지시 넘겨보니 한쪽에 음식이 가뜩 차려져 있다.

계단을 올랐다. 어스름한 복도에 타일 바닥은 여전하다. 한달음에 미관 3층으로 향했다. 입구에 자리 잡은 세면실은 샤워실로 바뀌었고 여자 화장실이 있고 남자 화장실도 있다. 금남의 집 남자 화장실에 의아해하며 309호로 향했다.

모든 방문에는 교수님 연구실 문패가 붙어 있다. 309호 앞으로 갔다. 역시 교수님 연구실이다. 머뭇거리다 노크를 하였다. 반응이 없다. 반가움인지 섭섭함인지 마음까지 울렁인다. 여자 화장실을 둘러보니 좌식 화장실이 입식으로 깨끗이 바뀌어져 있다. 세면실은 없어지고 대신 샤워실이다.

미관 앞에서 서성이다 선관, 진관으로 향했다. 모두가 교수님 연구실이다. 복도는 여전히 타일 바닥이고 벽면도 흰 페인트칠이다. 화장실은 역시 남녀 화장실로 분리되어 있다. 여기저기 기웃거리다 미관으로 다시 돌아왔다. 309호 교수실 앞에 머뭇거리다 노크를 하였다. 응답이 없어 돌아서는데 교수님과 마주쳤다. 멀거니 바라보다 인사를 하였다. 63년도 졸업생으로 Home Coming Day에 왔다면서 재학시절 이 방에서 기숙사 생활을 하였다고 하였다.

교수님이 문을 따고 들어오란다. 출입문은 여전히 나무문 그대로다. 갈색 페인트를 칠한 나무 바닥을 딛고 들어가니 울컥해지는 마음에 눈물이 날 것 같다. 현관은 따로 없고 신발을 신은 채 들어갔다. 입구 바로 왼쪽 모서리 옷장은 여전히 그대로 있다. 창가에 교수님 책상이 놓였고 맞은편 벽에는 책꽂이에 책이 쌓여있다. 방이 너무 작아 보인다. 벽을 따라 네 개의 침대를 놓고 작지만 각자 책상도 있었으며 네 명이 불편함 없이 생활하였다. 신기하게 느껴진다.

교수님께 옷장을 가리키며 보고 싶다고 하였다. 흰 벽과 나무문이 그대로다. 문을 열었다. 네 명이 겨울에 두꺼운 오버와 외출 옷들을 걸어 놓고 불편함 없이 살았다. 이렇게 작은 공간에서 어떻게 사용하였는지 그때의 광경을 떠올려 본다. 중앙 천장에서 전깃줄이 내려와 갓이 달린 전구 하나로 사용하였던 갓 선 전등 대신 교수님 책상 위에 형광등 불이 켜져 있다. 책장 앞에도 형광등이 또 하나 달려 있다.

에어컨이 달려 있는 창문 앞으로 갔다. 외벽 전체의 쇠창살 창문은 여전히 그대로다. 밖을 내려다보았다. 숲이 보인다. 토, 일요일 309호 누구 면회라는 방송이 나오면 모두들 용수철같이 튀어 올라 우르르 창가로 달려간다. 나무 밑에 폼을 잡고 서 있는 남자 친구를 창에서 몰래 내려다보며 쿡쿡거리던 생각이 떠올라 웃음 짓는다.

교수님이 차를 끓이겠다고 한다. 총장님의 하사로 대식당에 식사하러 간다고 하였다. 문을 나섰다. 인사를 하고 나와 복도를 걸으며 남자 교수실과 남자 화장실 문패가 여전히 생소하다. 5월 30일 개교기념일 May Day 하루만 Open되는 금남의 집이 아니었던가.

계단을 내려오며 울적한 감이 들기도 한다. 입구에 텅 빈 사감실을 바라본다. 출입문은 항상 열려 있고 토, 일요일에 그렇게 붐비던 왼쪽 면회실도 굳게 닫혀 있다. 사용하지 않는지 문패도 없이 비어 있어 설렁하게 보인다. 기숙사 문을 나섰다. 기숙생들이 사랑하였던 문지기 단풍나무가 보이지 않는다. 방학을 마치고 개학을 맞아 돌아오면 빨간 잎으로 우리를 반겨 주던 단풍나무, 밖으로 나와 주위를 두리번거려도 보이지 않는다. 아치 나무 출입문은 여전한데 언제나 반겨주던 빨간 단풍나무 대신 싱싱한 푸른 잎 나무줄기가 출입문 양쪽 벽을 타고 올라가 아치문을 감싸고 있다. 생소하고 낯설기만 하다.

숲으로 돌아와 나무 밑에서 기숙사를 올려다본다. 기숙사 석조 건물이 조금도 변함없이 그대로 건재하고 있어 뿌듯하다. 아치 출입문과 각방 창문도 여전히 그대로다. 309호 창을 찾아 멀거니 바라본다. 고마운 마음에 깊은 숨을 들이쉰다. 단풍나무가 보이지 않아 아쉽다. 50여 년 긴 세월로 수명을 다하였나. 사감 선생님도 뵙고 싶다. 키가 작고 깨끗한 이목구비에 안경까지 끼시고 전형적인 사감 선생님의 모습이셨다. 그러나 성품이 온순하고 부드러워 우리에게 딱딱하고 엄한 사감 선생님이 아니고 너그러우셨다. 진관 젊은 사감 선생님도 좋았다.

나는 입학하여 한 학기는 돈암동 언니 집에서 다녔다. 학교까지 버스를 두 번 갈아타는 통학이 힘들어 2학기에 기숙사에 입사했다. 배정받은 미관 309호는 심리학과 3학년 박복희, 영문과 2학년 문병숙, 이름이 생각나지 않은 조소과 2학년 언니가 있었다. 미대 언니는 2학년을 마치고 퇴사를 하고 피아노과 1학년 소수혜가 입사했다.

복희 언니가 우리 방을 잘 운영해 객지에서 학교생활을 잘 적응하게 만들어 주었다. 수업을 마치고 기숙사에 돌아와 식사 시간을 기다리며 그날의 학교생활 이야기로 집 생각을 잊게 해 주며 일상생활도 화목하게 잘 지냈다. 시험을 끝내고 방학을 맞은 마지막 날 즐거운 하루를 보낸다. 회비를 내어 영화 관람을 하고는 명동 그릴에서 칼질을 하면서 학생으로서 거한 식사를 한다. 다음날 새학기에 만나자는 약속으로 각자 고향으로 향한다.

복희 언니는 의사와 결혼하여 대구에 살고, 병숙 언니는 결혼도 하기 전에 하늘나라로 갔다. 후배 수혜는 서울에서 음대 교수로 재직하다 정년퇴임을 하고는 여러 분야에서 재능 봉사를 하며 살아간다. 서울에 가면 반갑게 만나 식사도 하고 영화를 보며 즐거운 시간을 가진다. 때로는 카페에서 기숙사 생활을 얘기하며 아득한 옛 생각에 잠기기도 한다. 여든을 바라보며 간직한 추억 속에서 따뜻하고 넉넉한 삶을 이어간다.

모두 한자리에 앉아 보고 싶다. 학교 교정의 가장 끝자락 후미진 곳에 자리 잡은 기숙사는 아직도 여전히 건재하고 있다. 감격스럽다. 일생 중 가장 아름다웠던 시간이 담긴 기숙사 미관 309호, 마음이 젖어 온다. 다음에 서울 가면 소수혜 교수를 만나 학교 교정을 거닐고 기숙사도 둘러보고 싶다.

제5부

오두막 카페

오두막 카페

서울 부암동에 갔다. 엄마가 좋아할 곳이라며 큰애가 가잔다. 부산에도 부암동이 있는데 하며 나섰다. 어떤 일에도 딸과 동행이면 푸근함 속에 흐뭇함이 있으며 감동을 받기도 한다. 모녀지간이라 그런지 호흡이 척척 잘 맞는다. 별 볼거리가 없는 평범한 곳이나 변변치 못한 허름한 음식점에 가도 그곳의 의미를 느끼며 흡족해한다.

광화문에서 오후 한시에 만나 버스를 탔다. 경복궁 모퉁이를 돌아 언덕바지길을 조금 지나 차에서 내렸다. 초입에 들어서며 만둣집에 들러 늦은 점심을 먹었다.

만둣집을 나와 특별하지도 구경거리도 별로 없는 부암동 골목을 누볐다. 조선시대에는 북한산성을 낀 성 밖이었으며 일제 강점기에는 조선 총독부를 앞에 두고 있는 요즘 말로 달동네였던 것 같다. 해방된 후 집들이 골짜기를 따라 들어섰음인지 한옥과 일본 적산집 같은 기와집은 보이지 않는다. 반듯하지도 크게 넓지도 않은 약간 경사진 골목에 모양새가 다른 시멘트집이 즐비하게 들어서 있다. 그래도 잘 정돈된 골목길은 깨끗함과 안정감으로 산책객에게 품위를 느낄 수 있는 감동을 준다.

오른쪽으로 북한산성을 끼고 있는 오르막길을 오른다. 무엇인가 있을 것 같은 기대감으로 설렘이 온다. 궁과 가깝지만 성 밖이었으므로 어려운 사람들이 살았을 것이다. 일제강점기 시대에는 어떻게 살았을까. 일본의 압박에 굽혀 공유하며 산 사람도 있었으며 죽지 못해 생명을 유지한 사람도 있었을 것이다. 비통함을 이겨내지 못해 자살로 끝낸 훌륭한 애국지사도 있다.

그 지경에 처했으면 나는 어떻게 했을까. 한기가 들 것 같고 머리가 싸늘해진다. 양반 가문도 아니고 애국지사도 없는 우리 집안에 누구에게서도 자랑스러운 조상 얘기를 들어보지 못했다. 부모님은 시골 농부의 아들로 태어나 명분 있는 가문도 아니고 봉기를 일으킬 정도의 애국지사도 아니다. 할아버지는 농사를 지으시며 고향을 지켰고 부모님은 그나마 학교 교육을 받아 일찍 고향을 떠났다. 도시에서 공직에 계시며 비교적 안정된 생활을 하였다. 평범함 속에 안주하며 행복하게 살았다.

지금 이곳에는 어떤 사람들이 사는지 궁금해진다. 사업을 하는 부자들이 사는 것 같지는 않고 예술가나 연예인들이 살기에도 적절하지 못할 것 같다. 평범한 사람들이 살고 있지 않을까. 무질서하게 들어선 시멘트집들이 딱딱할 것 같은데 나름대로 잘 갈무리하였음인지 푸근하면서 정갈하고 품격이 있어 보인다.

골목을 헤집으며 얼마를 다녔는지 오르막길을 오르니 쉬고 싶었다. 골목 초입도 아닌 오르막 끝자락 막다른 곳이니 찻집이 있을 리 없다. 비스듬한 언덕길을 오르다 얕은 절벽 위에 무너질 것 같은 오막살이 낡은 기와집 한 채가 눈에 들어왔다. 이 골목길에 전혀 있음직함 집이 아니었다. 의아해하니 딸이 엄마가 좋아할 오두막 작은 카페라고 한다. 전통 찻집이 아닌 카페라니 생뚱맞다는 생각에 돌아오면서 잠시 들르기로 하고는 낮은 언덕을 올랐다.

쓰러져 가는 기와집 카페를 생각하고 부지런히 내려왔다. 집 앞에 다다르니 '오늘은 쉽니다.'라는 나무 문패가 달려 있다. 피곤이 몰려오면서 힘이 쭉 빠진다. 머리와 허리까지 숙여야만 들어갈 수 있는 오두막집 카페는 어떻게 생겼을까, 오막살이집보다 더 작아 보이는 기와

집에 테이블은 몇 개이며 실내 짜임새는 어떻게 되어있는지 궁금해진다. 차의 종류는 몇 가지나 되며 찻잔의 모양새도 보고 싶어 잰걸음으로 왔는데 아무 곳에나 주저앉고 싶었다.

삐걱거리는 문틈으로 안을 들여다봐도 깜깜하기만 하다. 겉에서 보기보다 실내는 작은 테이블이 여러 개 놓여 있고 커피 맛도 일품이라는 딸의 해명이다. 부암동 명물 커피를 엄마가 마셔야 하는데 딸도 무척 아쉬워한다. 낡은 흙담 벽에 기대어 섰다. 이렇게 낮고 작은 집에 사람이 어떻게 살았는지 신기하기도 하다. 조금도 변하지 않은 모양새로 여태 남아 있는 움막 같은 기와집은 누구의 집인지, 집주인이 직접 카페를 운영하는지, 왜 문을 열지 않았는지 임시 휴일인지 정기 휴일인지 의문만 더해 간다.

만둣집과 길 건너 마주하는 닭튀김 가게에서 저녁을 먹자고 한다. 서운한 마음을 뒤로한 채 발걸음을 옮긴다. 바로 먹을 수 없을 것 같아서 무거운 발걸음을 재촉한다. 걱정한 대로 손님들이 즐비하게 줄지어 있다. 우리도 기다리기로 하고 밖에서 줄을 섰다.

피곤하고 다리도 아픈 것 같아 약간 떨어져 있는 나무 의자에 앉았다. 곧 무너질 것 같은 카페가 떠오른다. 들어가보지 못한 것이 못내 아쉽다. 한옥이라고는 거의 보이지 않는 곳에 오두막집보다 더 허름한 채 그대로 남아 있는 카페 생각이 끝이 없다. 조선 시대의 초가집은 지금의 시멘트 집으로 개축하였고 그 집은 그나마 기와집이라 그대로 남아 있을 수도 있겠다는 생각에 머무른다.

차례가 되어 식탁에 앉으니 허전함으로 인함인지 허기증이 발동했다. 유명세 버금만큼 맛이 좋다. 밖을 나오니 어느새 해가 지고 어둑어둑해지려 한다. 허물지 않고 본채 그대로 보존되어 있는 역사 속에서 서양의 차 커피 한 잔을 마시는 낭만을 누리고 싶다. 다시 오기를 다짐하면서 버스에 올랐다.

두 달 후 오두막집 카페 얘기를 하며 친구와 부암동을 찾았다. 만둣집에서 점심을 먹고 부푼 마음으로 카페로 향했다. 성벽을 타고 오르막길을 올랐으나 기와집이 보이지 않는다. 뒤돌아 다른 골목을 다녀도 눈에 띄지 않는다. 비가 부슬부슬 내리더니 바람과 함께 점점 세차게 내린다. 어쩔 수 없이 섭섭한 마음을 뒤로한 채 종로를 향해 택시를 탔다.

전망창에 앉아

카페에 들어서면 전망창이 있다. 확 트인 창가 높은 의자에 젊은이들이 친구와 담소를 나누며 커피를 마신다. 감자튀김과 커피를 시켜놓고 혼자 앉아 핸드폰을 들여다보기도 한다. 노트북을 펼쳐놓고 커피를 마시며 공부하는 모습도 볼 수 있다. 커피 한 잔으로 저렇게 주제넘은 일을 할 수 있는지 이상히 여겼다.

자동차가 문제를 일으켜 정비소를 찾았다. 가끔씩 들르는 정비소지만 주차요원과 안내원이 친절하고 청결하다. 사무실 직원과 정비기사까지 편안한 마음을 가질 수 있게 제반 시스템이 쾌적하게 운영되고 있다. 담당 기사와 자동차 상황에 관한 상담을 마친 후 2층 휴게실에 들렀다.

휴게실 넓은 공간과 안락의자는 푸근함을 안겨준다. 벽면에 커다란 TV까지 붙어 있다. 창가에는 전망창으로 둘러져 밝고 시원하다. 전망 창가에는 높은 테이블에 맞추어 세련되고 멋스러운 높은 의자가 비치되어 있다. 커피를 마시며 컴퓨터로 일할 수 있는 분위기로 만들어 놓았다. 음료수까지 제공해 주는 고마움에 기다림이 지루하지가 않다.

나는 안락한 소파로 가지 않고 창가 높은 의자에 앉았다. 전망창에는 자리가 거의 비어 있어 나도 한번 앉아보고 싶었다. 높은 의자가 불편해 보였는데 그런대로 편안하다. 커피가 왔다. 공짜 커피지만 맛은 일품이다. 창밖을 바라보며 천천히 커피를 마신다. 구름 위를 나는 듯 한껏 들뜬 마음이다. 나 자신이 세련되고 너무 멋져 보이는 것 같은 묘한 기분이다.

지난봄 언니와 홍대 앞으로 놀러 간 일이 있었다. 이대 전철역에서 언니를 만나 홍대 앞에 가보자며 이끌었다. 우리는 자매이면서 성격은 제각각이다. 언니는 예쁜 얼굴에 얌전하고 착하며 정적이다. 그에 반해 나는 동적으로 왈가닥이다. 서울에서 만나도 내가 주도권을 갖는다.

홍대 지하철역에 하차하여 지상으로 오르자 점심 먹을 식당을 찾았다. 식당들이 많지만 젊은이들의 거리라 우리가 먹을 수 있는 음식은 별로 없었다. 나는 무엇이든 적당히 먹고 싶은데 여기저기 기웃거리다 언니 뜻에 따라 소고기 철판구이집을 겨우 찾아들었다. 가격은 생각보다 저렴하였다. 식사 후 카페를 찾으며 천천히 걸었다. 골목을 헤집다 보니 볼거리에 신기한 것도 많았다. 조그만 공터에 연극인지 코미디인지 공연을 하고 있었다. 우리는 뒤 끝에 서서 내용을 모른 채 구경도 하였다. 거리의 악사가 연주도 한다. 어딜 가나 붐비는 사람들은 젊은이들뿐이다. 의기소침하기도 하지만 한편으로 보기만 해도 든든하고 힘이 솟는다.

카페를 찾아다니다 스타벅스 커피점을 발견하고 들어갔다. 넓지 않은 공간이지만 창가에 전망창이 있다. 들어서자 높은 의자에 앉은 젊은 한 쌍이 일어선다. 나는 잽싸게 자리를 차지하고 앉았다. 커피를 주문하려고 줄을 선 언니는 어리둥절해 하며 나를 쳐다본다. 오라고 손짓하여 앉도록 재촉하고는 커피를 주문하러 갔다. 2층으로 가자는 언니에게 여기 한번 앉아 보자며 우격다짐을 하였다. 나의 엉뚱함은 말릴 수 없다며 어설프게 앉는다. 높은 의자에 엉거주춤한 자세로 앉아 커피를 마시는 기분은 또 달랐다.

창밖에는 자동차와 인도가 비좁을 정도의 젊은 행렬이 이어진다.

커피 맛을 돋우는 복잡함이다. 객기를 부려보는 것도 나쁘지 않네 하며 내가 웃었다. 나이를 어디로 먹느냐는 언니의 핀잔에도 즐겁기만 하다. 멀거니 바깥 풍경을 보는 것만도 좋았다. 또 다른 멋을 느끼게 하는 기분이었다.

나이 먹음에 애석함을 느껴 본 적은 별로 없다. 세월의 흐름인지 경제 발전의 여풍인지 요즘 젊은이들의 사회풍속이 우리 세대와 많이 다르다. 풍요로움 속에 변화하는 생활에 한 번씩 흉내 내어 보고 싶은 충동을 일으킨다. 오늘도 호기심에 발동이 걸렸다.

정비소 휴게실 전망창에 앉아 창밖을 보니 길 건너 아파트가 숲을 이루고 있다. 아파트 사잇길 옆으로 녹색의 정원을 이루듯 푸른 나무들이 무성하다. 더운 날씨 탓인지 사람들이 눈에 띄지 않는다. 푸름을 바라보는 내 눈은 한층 맑아지는 것 같다. 도로에는 차들의 행렬이 이어진다. 오가는 사람들은 전혀 보이지 않고 차들만이 무엇에 쫓기듯 지나간다. 전망창 위에서 내려다보는 자동차들은 신기하게도 길에서 바라보는 것과 사뭇 다르다.

준비한 책은 옆에 두고 창밖을 멍청히 내려다보며 커피를 마신다. 보통 키에 양복 차림의 남자 한 명이 모퉁이를 돌아 걸어온다. 폭염주의보가 내려진 염천에 흰 와이셔츠에 넥타이까지 맨 검은 양복의 정장 차림이다. 검은 가죽 가방을 들었으나 말끔한 신사는 아니다. 보통 키에 어수룩하게 보이는 남자는 보기만 해도 힘이 빠진다. 은근히 마음이 쓰여 가까이 걸어올 때까지 눈을 떼지 못하고 있다. 쾌적한 곳에 있지만 마음은 더워 온다. 목을 빼어보니 정비소로 들어온다. 정비 맡긴 차를 찾아오는 고객으로서는 조금은 허름하다. 세일즈맨인가 은근히 신경이 쓰인다.

세일즈맨의 예의를 갖춤인지 숨쉬기조차 힘든 뜨거운 뙤약볕에 정장 차림이라니 숨이 막히려 한다. 구매한 상품을 조달하는 회사 직원인지. 자동차에 필요한 상품을 팔려는 판매원인지 보험 설계사, 아니면 구인 광고 상담자가 아닌지. 나라 경제가 어렵고 실직자가 많은 요즘 어떤 일이라도 힘든 일이다. 크지 않은 키에 허술한 정장 차림에 마음이 아련하다. 실내에 들어왔으니 우선 더위를 식히고 땀을 닦을 것이다. 혹시나 휴게실에 들어올까 슬쩍 출입구를 바라본다. 정장 차림 예의를 갖춘 정성으로 최선을 다한 보람 있는 하루이기를 바란다.

직원이 찾는다. 창가에 멍하니 앉아 있는 나를 보고 놀라는 눈치다. 멋쩍어 어설픈 웃음을 띠며 일어나 뒤따랐다.

꽃의 찬가

수필집 한 권을 선물 받았다. 봉투를 열어 책을 꺼내는 순간 놀라웠다. 빨간 꽃 네 송이가 장식된 책의 표지가 순수한 맑은 소녀의 얼굴 같다. 정겹고 단아하면서 따스한 성품을 지닌 작가 모습 그대로 책 표지부터 순진함을 지니고 있다.

책을 받아 든 내 손이 거친 것 같아 머쓱하였다. 책장을 넘기며 작품 제목을 대충 읽고는 집에 돌아와 글을 처음부터 읽었다. 작품들이 하나같이 꽃, 나무 이야기가 접목되어 있다.

문학기행에 동행하면 작가는 정원의 꽃이나 눈에 띄는 나무들의 이름들을 줄줄 꿴다. 어떻게 그렇게 잘 아느냐고 물으니 퇴직 후 심심해서 하나씩 외웠다며 담담하게 대답한다. 의심 반 믿음 반이었지만 대단해 보이고 신기할 정도였다.

책 속에 실린 글들에는 거의 꽃과 나무들이 등장한다. 식물학을 전공한 전공자가 아니면서 식물의 이름과 특징을 하나하나 새겨가며 글을 쓰는 모습에 놀라웠다. 책을 읽으며 나는 참 메마르게 산다는 조금은 멋쩍은 생각이 들었다.

국문학을 전공한 대학 후배의 수필집 한 권을 연이어 선물 받았다. 수필 동인지에 실린 그의 글을 읽으며 주제를 잘 드러내면서 간결하고 정리가 잘 된 글이라 생각했다. 전공자다운 글솜씨에 나도 그런 좋은 글을 쓰고 싶었다.

책 표지를 보고 깜짝 놀랐다. 3층으로 된 선반에 큰 화분 작은 화분들이 꽃집처럼 줄줄이 널려 있다. 촘촘히 스케치한 그림에 한참 눈을 떼지 못했다. 우선 몇 편의 글을 읽었다. 작가의 베란다에 널브러진 꽃들의 풍경이 책의 표지와 겹들여 직접 본 듯 눈에 들어온다. 부지런한 손놀림으로 갖가지 꽃을 가꾸는 작가의 마음과 수줍은 미소를 머금은 얼굴이 어렴풋이 겹쳐진다.

눈을 들어 우리 집을 둘러본다. 넓은 거실에 커다란 소파만이 덩그렇게 놓여 있다. 어디에도 화분, 나무 한 그루 없이 휑하다. 내가 꽃을 싫어해서도 아니고 게을러서도 아니다. 얼마 전까지도 양쪽 베란다와 현관까지 크고 작은 화분들이 빼곡히 들어차 있었다. 남편이 가꾸던 꽃들이다.

남편이 예견치 않게 갑자기 하늘나라로 갔다. 한동안 슬픔으로 나무들을 살피지 못했다. 경황없는 시간이 지나면서 축 늘어진 화초가 눈에 들어왔다. 남편이 그랬듯이 물을 주었다. 현관의 벤저민 큰 나무는 처진 잎을 닦아가며 정성을 기울였다. 그러나 날이 갈수록 나뭇잎이 떨어지며 힘이 없어졌다. 잘 자라던 화초도 꽃이 피기도 전에 메말라지기 일쑤였다. 어쩔 수 없이 시들어가는 화분들을 하나둘씩 아파트 정원에 내려놓았다. 마지막에는 남편이 아끼고 정성을 기울였던 난 화분만 남겨두고 모든 나무들이 베란다에서 치워졌다. 무엇이 부족한지 혼자서 나무들을 키울 수 없었다.

게으른 사람들도 키울 수 있다는 난 화분만이 남편의 분신처럼 남아 있다. 양란은 향기가 없어도 고운 빛깔로 많은 꽃을 피우고 싱싱함이 오래 지속된다. 동양란은 화려하지도 꽃송이가 많지도 않으면서 은은한 향기를 온 집안에 뿜는다. 옅은 향기가 온몸 깊숙이 스며들어 잔잔한 너그러움을 품어주던 꽃이었다. 남편을 생각하며 정성을 들여 가꾸었지만 어쩐 일인지 꽃은커녕 개미가 기어 다닌다. 개미의 돌출로 동네 화원에 갔으나 막을 수가 없었다. 화분을 현관 베란다에 옮기고 꽃집 주인의 사용법대로 약을 물에 혼합해 뿌리곤 했으나 끝내 개미 출현을 막지 못했다. 궁여지책으로 화분을 아파트 정원에 내려놓았다.

난 화분은 남편이 잡비를 아껴가며 도자기 화분을 하나씩 구입해 옮겨 심곤 하였다. 가냘픈 꽃잎과 늘씬하게 잘빠진 도자기 화분의 어울림은 학 같은 자태로 뽐내었다. 난 화분을 아파트 정원에 옮기며 남편에게 미안하다 못해 죄스럽기까지 하였다. 가꾸는 방법을 어깨너머로 배웠으면 좋았을 걸 이런 일이 있을 줄은 뜻밖이었다. 정원에 화분을 내어놓고 남편을 버린 것같이 허전한 마음을 애써 삼켰다.

그 후로 우리 집에는 나무라고는 풀잎 하나 볼 수 없었다. 집안 전체가 설렁할 정도다. 처음은 허전하고 울적하기까지 하였으나 얼마를 시나면서 조금씩 평정되어 갔다. 이런 와중에 꽃을 주제로 한 수필집이 나 자신을 돌아보게 만든다. 나는 어떤 여자인가, 부지런하고 온화한 성품을 얼마나 지니고 있는지, 두 분의 따뜻하고 섬세한 여성다움이 돋보였다.

사람들은 각자 자기의 인성을 갖고 태어난다. 본성, 성품이라고도 한다. 나는 솜씨가 없어 바느질, 요리, 그림 그리기에는 이상할 정도로 전무 상태다. 하다못해 간단한 종이접기도 반듯하게 접지를 못한다. 그렇지만 가까운 장자산에 오르고 싶지만 남편이 없이 혼자 선뜻

나서지 못하는 나약한 여성스러움이 있다. 이중섭 화가의 특별전에 두 번이나 관람하며 화가의 가난과 고독한 생활의 처절함에 젖어오는 오열로 마음 아프기도 하였다. 두 권의 수필집에 어찔함이 스쳤으나 주눅들만큼 초조해지는 정도는 아니다.

나는 꽃을 선호하지 않는 것이 결코 아니다. 직접 가꾸지 못할 뿐이다. 자연의 아름다움을 추구하는 순수하고 맑은 감성도 지녔다. 길섶에 하늘거리는 풀들과 풀꽃과도 얘기를 나누며 공원의 수목들을 마주하면 반갑다고 인사도 한다. 하늘 높이 치솟은 숲속 아늑한 좁은 길을 걸으며 숲의 적막함 속에서 고독을 즐긴다. 철 따라 나타나는 자연의 신비함에 젖어 환희에 찬 삶의 의미를 되새기기도 한다.

음악인이 아니더라도 음악을 사랑한다. 음악을 들으며 음률에 흠뻑 젖기도 하며 시간과 공간을 초월하여 작곡가와 얘기를 나누는 착각에 빠져들기도 한다. 노래를 흥얼거리다 목청껏 뽑아보기도 한다. 자연과 예술의 가치를 나름대로 누리며 사랑과 온유의 따스함 속에서 살아간다.

하나님께 구원의 은혜에 감사하며 성경을 읽으며 기쁨을 누리고 영혼의 가치를 깨닫는다. 살아온 삶처럼 남은 여정도 헛된 길이 아니기를 기도드린다. 하나님은 나의 있는 그대로를 풍요로운 곳으로 인도해 주신다.

꽃을 잘 가꾸어야만 꽃과 동참하는 것만이 아니다. 꽃 가꾸기에는 어설프기 짝이 없지만 이렇게 누리는 생활이 꽃을 사랑하는 마음이 아닐까 한다. 꽃향기에 취하고 보는 것만으로도 고맙고 즐겁다. 꽃 같은 마음으로 살아가는 세상은 맑으며 밝고 풍요로워진다.

완행열차를 타다

부산역에서 서울행 기차를 탔다. 친구를 만나기 위해 나섰다. 대구에 살고 있는 동창이 12월 어느 날 서울에 있는 친구와 함께 초대를 하였다. 오랫동안 만나지 못했다면서 새해가 오기 전에 한번 보잔다.

우중충하고 추운 날씨지만 가뿐하게 집을 나섰다. 들뜬 마음으로 급히 달려가고 싶었으나 무궁화호 열차표를 예매했다. 낙동강을 바라보고 삼랑진, 밀양을 지나는 풍경도 살피고 내 고향 청도도 보고 싶었다. KTX가 생기기 전 경부선에서 가장 길었던 남성현역 터널을 지나 보고 싶기도 하였다.

평소에 보아오던 특별하지도 신기하지도 않은 풍경들도 기차를 타면 감동으로 다가온다. 빠르면서 여유롭게 달리는 열차 창가에 앉아 있으니 바깥 경치들이 그리움으로 나타난다. 부산 시내를 벗어나기 전의 풍경도 새롭다. 범일동과 가야동을 지날 때에 아파트 숲과 빌딩, 학교도 보이고 멀리 언덕바지 교도소 담벼락도 보인다. 으슥하고 스산하던 교도소가 12월 한겨울의 추위에도 따스하게 보인다.

구포역을 지나니 낙동강이 보인다. 넉넉한 강물의 여유로운 흐름이 마음을 먹먹하게 만든다. 낙동강을 끼고 달리는 기차를 타 본 지가 얼마 만인가. 강 건너 펼쳐지는 산들과 골짜기, 평온한 마을을 만나는 반가움과 애틋함으로 눈을 떼지 못한다.

얼마나 많이 다니던 길이었던가. 낙동강 줄기 따라 그리웠던 정경들이 다가왔다 지나가곤 한다. 물줄기 따라 나타나는 갈대밭과 강 건너 야트막한 언덕바지의 마을 풍경에 탄성이 절로 난다. 계절 따라 가꾸어진 넉넉한 강변 채소밭들은 전혀 보이지 않는다. 강둑 아래 물줄기 따라 갈대들만 무성하게 자라 누렇게 풀숲을 이루고 있다. 강물은 정지된 듯 조용하고 느릿하기만 하다.

강변에서 채소를 가꾸던 농부들은 무엇을 생각할까. 강둑을 걸으며 지난 가을철의 밭들과 추수를 떠올리며 그리워하지는 않는지. 채소가 자라던 느긋한 풍요로움의 추억 속에 나 역시 행복해진다.

나직한 언덕 한쪽에 몇 채 되지 않는 집이 나타났다. 산등성이밭이 펼쳐졌던 조그만 마을이 그대로 있다. 겨울이라 푸름은 보이지 않고 변함없는 너그러움의 정적 속에 멈추어 있다. 정다움과 호기심에 빠져있는 동안 서서히 모퉁이를 돌면서 산기슭에 제법 큰 동네가 보인다. 방을 빌릴 수 있다면 하룻밤 머물며 이웃 마을까지 기웃거리며 헤집고 다니고 싶다.

낙동강 줄기가 보이지 않나 싶더니 삼랑진역이다. 증기 기관차가 물을 공급받던 중요하고 큰 역사였다. 기차는 아랑곳하지 않고 통과해 버린다. 삼랑진역을 정차도 않고 통과하다니 놀랄 일이다. 위풍당당하던 커다란 시멘트 물기둥이 아직도 덩그러니 버티고 있지만 옛날에 누리던 영화는 사라져 버렸다.

서운함을 달래다 보니 살아온 나의 인생사가 떠오른다. 부모님께 무심하였고 남편에게 까칠하게 굴었던 일들이며 자만심과 우둔함으로 빚어진 잘못한 일들이 문득문득 떠오른다. 온몸에 스며들어 서먹해오면서 남은 나의 인생길에 두려움이 스치기도 한다.

강줄기가 보이나 싶더니 어느새 밀양이다. 밀양역에서 많은 사람이 차에 오른다. 비웠던 좌석이 메워지면서 서서히 출발한다. 사라졌던 낙동강이 다시 보이고 기차는 강을 가로지른다. 영남루 길 건너 친구네 이층집도 보인다. 부자 소리 듣고 살았던 친구 집에는 부모님이 돌아가시고 지금은 오빠가 산다고 한다. 방학이 되면 친구의 초대로 밀양으로 놀러 갔다. 영남루를 오르고 대숲을 지나며 오빠의 아랑 이야기로 으스스했던 생각이 떠올라 웃음 짓는다.

유천을 지나니 낙동강을 가로지르는 길고 긴 다리가 보인다. 어릴 때 이 다리를 건너 이모님 댁에 갔다. 시퍼런 강물을 내려다보이던 무서운 철로 다리, 아래를 내려다보지 말고 앞만 보고 걸어라 하시던 어머니 말씀, 그래도 아래를 내려다보지 않을 수 없었던 공포의 다리였다.

또 다른 경치가 펼쳐지는 청도다. 실개천 따라 논밭들이 있고 조그만 마을들이 어울려 있다. 감의 고장처럼 들녘이나 집 뜰 어디에서나 볼 수 있는 감나무, 눈에 익은 풍경은 언제 보아도 정겹다.

조부모님이 사셨고 아버지가 태어난 집이 있는 남성현역이다. 할머니 집 돌담을 둘러선 열두 그루의 감나무는 그대로 있는지, 마을에서 가장 차가웠던 우물은 지금도 사용하고 있는지 그리움이 짙어진다. 기차는 남성현역을 지나 길고도 긴 터널 속으로 들어간다.

터널을 벗어나자 경산역에 도착했다. 한산하기만 한 작은 역으로 무사통과하였던 시골 경산이 우람찬 신도시로 발전하였다. 아파트가 줄지어 있고 상가 건물에 학교까지 들어서 있다. 신도시 폼을 멋지게 내고 있다. 옛 정거장도 사라지고 새로 건축된 현대식 역사에 많은 사람들이 오르내린다. 눈인사를 하고는 여태껏 같은 객실에 있다는 것을 의식하지 못했던 다소 나이가 들어 보이는 옆 좌석의 남자분이 일어선다. 어리둥절해하며 멀거니 보고는 내리는 많은 사람들의 뒷모습을 바라본다. 나는 기차 안에 타고는 있었지만 바깥 풍경을 구경하노라 객실에서 벗어난 셈이었다.

얼마 지나자 동대구역에 도착한다는 안내 방송이 나온다. 창가에 앉아 활동사진같이 바쁘게 느리게 다가왔다 사라지는 한 편의 영화를 본 것 같다. 멍청한 눈으로 기차 안을 살펴본다. 앉아 있는 승객들 속에 내리려 준비하는 사람들이 눈에 들어온다. 눈을 감고 마음을 가다듬는다.

동대구역이다. 휘청거릴 것 같은 몸을 추스르며 일어섰다. 기차에서 내려 친구 만날 생각에 바쁘게 걷는다. 숨겨진 추억을 일깨워 준 무궁화호 완행열차에게 심심한 감사를 보낸다.

접시꽃이 피어 있는 집

김해 도예마을에 갔다. 도예마을이라기에 도자기를 굽는 가마도 있고 구워놓은 도자기도 볼 수 있나 은근히 기대하며 떠났다. 잘 닦아진 시골길을 달리며 혹시나 했던 도자기는 볼 수 없는 대신 파랗다 못해 검푸른 빛을 띄운 감자 줄기가 넓은 들에 널려 있다. 감자밭 끝자락 언덕바지에 지인의 집이 아담하고 산뜻하게 자리하고 있다. 집 앞에는 접시꽃들이 탐스럽게 어우러져 있다.

부모님께 물려받은 단감밭에 조그만 집을 지어 귀농생활을 시작한 신입생 농부의 집이다. 안주인은 농사도 농사지만 꽃밭 만들기에 여

념이 없단다. 탐스러운 접시꽃을 보고는 씨를 받아 집을 짓기도 전에 심었다고 한다. 첫해에는 고작 몇 그루에 꽃마저 시들했는데 2년이 지난 올해에는 수없이 많은 꽃이 대문도 없는 입구에 문지기가 되어 버티고 있다. 안주인보다 더 큰 꽃나무가 겸손함도 수줍음도 없이 주먹만 한 꽃송이들이 뽐내고 있다. 야망, 풍요, 평안이라는 꽃말대로 열기를 당당하게 내뿜고 있는 접시꽃들을 어루만져 본다.

소파도 없는 시원한 대청마루로 들어섰다. 고개를 돌리니 확 트인 시골 풍경이 그대로 눈에 들어온다. 감자 농산물 집산지답게 끝없는 감자덩굴의 푸름이 시원함을 안기는가 하면 들녘 끝자락에 나직한 낙동강 둑이 보인다. 둑 넘어 맞은편으로는 높은 산이 우뚝 솟아있다. 감자덩굴이며 강둑과 먼 산이 고요함 속에 넉넉한 정감을 뿜어낸다.

시원한 시골 물을 마시고 마루에 앉아 쉰다. 말문조차 막힌 채 연신 바깥 풍경에 눈을 떼지 못한다. 주인의 손길이 담긴 시골 찜닭이 먹음직하게 차려져서야 배고픔을 느끼며 한껏 먹었다. 주인의 정성에 고마움을 느끼며 벌판을 향해 길고도 긴 감자밭을 걸었다. 넓게 그늘을 지우며 우람차게 버텨 있는 마을의 수호신 정자나무 돌단에 앉아 숨을 고른다. 잘 가꾸어진 감자 줄기 위로 애써 가꿔 온 농부들의 얼굴이 정겹게 다가온다.

강둑을 오른다. 손질하지 않은 잡풀과 마음대로 피어있는 들꽃들이 얽혀 있는 거친 둑이다. 길을 뒤로 하고 호기심으로 오른 둑이 꽤나 험하였다. 억센 잡초들이 바지를 뚫고 따끔따끔 발목을 찌르고 미끄러지고 빠지기까지 한다. 둑 위에 올라 허리를 죽 펴고 눈을 크게 뜨고는 눈앞에 펼쳐진 경치를 바라본다. 광활하지는 않으나 펼쳐진 벌판이 아득하게 느껴진다.

그대로 걷기가 아쉬워 그 자리에서 사방을 한 바퀴 돌아본다. 티끌 하나 없는 맑은 공기와 정적 속에 널려있는 풍경의 평안함에 뭉클해지려 한다. 지평선이 보이는 광야는 아니지만 자연 그대로의 황무지 들판 끝자락에 유유히 흐르는 낙동강이 더하여 경이롭기까지 하다. 작고 나약한 풀꽃들이 수줍게 웃고 있는 모습이 애처롭기도 한데 풀숲 속에 나보란 듯이 바람에 흔들거리며 잘난 척하는 간 큰 들꽃들도 있다.

영화 '폭풍의 언덕'이 생각난다. 영국의 여류 작가 에밀리 브론테의 소설을 영화화한 작품으로 격정적인 사랑의 내용으로 돌풍을 일으킨 영화였다. 영화의 첫머리는 음산한 분위기로 시작한다. 침침한 지하 공간 같은 곳에서 육중한 장정들이 난롯가에 무겁게 둘러앉아 있다. 흉흉한 바람 소리와 함께 소름끼치는 음흉함 속에서 유령이 나타나고 장정들이 놀라고 겁에 질린다. 화면이 변하면서 황량한 벌판의 언덕 위에 전형적인 성 같은 저택이 나타난다. 주인이 사내아이를 데리고 마차에서 내리는 장면으로 시작되는 것 같다. 출장에서 집안일을 시키려고 고아를 데려와 히스클리프라는 이름을 지어 입양시키면서 영화는 본격적으로 시작된다.

히스클리프는 허드렛일을 하면서 건장한 청년으로 자란다. 나이가 비슷한 주인 딸 캐서린과 가까이 지나면서 끝없는 벌판에서 말을 달리며 자연스레 사랑을 키웠다. 신분의 장벽을 넘지 못해 각자 다른 사람과 결혼하면서 두 사람의 운명은 복잡하게 얽혀간다. 광야에서 바람을 일으키며 말을 달리던 모습, 병든 여자를 찾아와 죽어 가는 캐서린을 안고 천천히 집 밖으로 걸어 나온다. 광활한 들녘을 바라보며 숨을 거두는 감동의 장면은 지금도 기억하고 있다. 첫 장면에 등장한 유령은 죽어서도 잊지 못해 캐서린 주위를 맴도는 히스클리프의 영혼이었다.

도요마을의 들판은 영화처럼 광활하지는 않지만 너그러움과 평안을 가져다준다. 자연 그대로의 벌판이 펼쳐져 있다. 들꽃 들풀들이 제멋대로 널려있는 거친 들도 있는가 하면 꽃을 심어 잘 가꾸어진 동화 속 같은 꽃밭도 있다.

오래도록 그리던 들판이었다. 좁은 길을 걸으며 마음속에 간직했던 소망을 펼쳐 보고 싶다. 혼자 생각에 잠겨 끝없이 걷고 싶었고 사랑하는 연인과 손잡고 걷기도 하고 뛰기도 하는 환상에 빠져 본다. 그런데 지금 할 수 있는 것은 가물거리는 '폭풍의 언덕' 영화 장면을 그려볼 뿐이다.

걷다 지쳐 나무 벤치에 앉아 땀을 식힌다. 정적이 감도는 고즈넉한 들판에 강 건너 기차가 지나간다. 멀거니 기차를 바라보니 아련히 옛 생각이 떠올라 설레기도 한다. 울적해오는 마음에 멀어져 가는 기차에게 느닷없이 손을 흔들어 본다. 적막함 속에서 더욱 외로움이 스며든다. 풀잎에게 이렇게 잘 자라 주어 고맙다고 다독이며 허전한 마음 달래본다.

아쉬움을 뒤로한 채 언덕의 집으로 향했다. 흐드러지게 피어 있는 접시꽃들이 저녁노을을 타고 요정같이 보인다. 들판과 야생화에 취해 이국에 갔다 온 듯 혼신이 얼얼한 나를 집주인을 대신해 접시꽃이 반갑게 맞아준다.

청도 유람

나래회 테마여행을 떠났다. 나래회는 고교 동창 모임으로 이번 여행지는 청도로 결정되었다. 청도 감와인 터널로 향하며 하루 여행이 시작되었다. 산뜻한 마음으로 떠났지만 청도가 고향인 나는 와인장이 어느 곳인지 궁금했다. 우리 할머니 집이 있는 마을을 지나 남성현역을 지나니 터널 와인장이라는 푯말이 나타났다. 알고 보니 경부선을 타고 서울을 가려면 우리나라에서 가장 긴 터널을 끼고 있는 남성현역 윗동네다.

와인장 넓은 주차장에 도착하여 봉고차에서 내렸다. 양쪽으로 늘어선 상품 가게를 지나 터널로 들어갔다. 기차가 다니는 터널 옆에 간이 터널이 있었다고 한다. 터널 속에서 와인을 숙성시키기도 하고 터널 깊숙이 저장 창고도 있었다. 저장 창고에 와인 병들이 가지런히 누워 있는 정경이 유럽 와인 제조 공장에 들어선 기분이었다. 와인 종류가 많고 고급스러움에 놀랐고 터널 속의 방대한 저장 창고가 신기해 어깨가 우쭐해지려 한다. 저장고를 관람하고 나오니 여러 개의 테이블이 비치되어 있다. 와인을 마시며 즐길 수 있는 와인카페다. 조부모님이 사셨던 고향 마을에 이렇게 거대한 감 와인장이 있는 줄 몰랐는데 마음이 뿌듯해진다.

총무가 고심 끝에 Red Wine을 주문하고는 감으로 만든 과자와 말랭이 안줏감을 사서 카페로 돌아왔다. 빨강으로 물들인 와인 잔을 높이 들고 건배를 외치고 잔을 부딪치며 우정을 다졌다. 와인 단맛과 혀끝의 감촉으로 인한 들뜬 분위기는 기분을 최고조에 달하게 만들기에 충분했다. 감 과자와 말랭이를 곁들여 먹으며 웃고 떠들며 기쁨을 누렸다. 와인과 안주로 마음껏 즐기며 피로를 풀고는 일어섰다.

와인카페 터널을 벗어나니 감으로 만든 상품들이 판매장에 즐비하게 진열되어 있다. 오로지 홍시로만 먹었던 달콤한 청도감이 와인뿐만 아니라 다양하게 변신됨을 보면서 놀랍고 자랑스럽다. 감말랭이를 비롯해 과자, 젤리, 반시 등 비치된 여러 가지 상품을 기호대로 구입하려고 기웃거리니 부자가 된 듯 착각을 일으킨다. 특별 전시장에 전시되어 있는 와인 판매장에는 친구들로 법석이다. 간식거리와 반시를 구입하고서도 신기하여 이리저리 어정거렸다.

돌아오는 길에 할머니 집 마을을 지날 때는 목을 빼어 내밀어보며 우리 할머니가 살던 동네라며 목에 힘을 주었다. 안정을 되찾으며 아득한 옛날로 돌아갔다.

청도는 감의 동네다. 첩첩 산골이라 제사 음식과 감 외에 딱히 먹어 본 일이 없는 것 같다. 집집마다 감나무가 있으며 호두나무가 있는 5촌 아저씨 집 외에 어느 집을 가도 홍시 외에 먹어 본 기억이 없다. 아버지께서 그렇게 아끼고 사랑하셨던 할머니 집은 지금 나에게도 그립고 잊을 수 없다.

돌아오는 길에 전유성 코미디언이 운영하는 철가방 극장을 들렀다. 청도역을 거쳐 넓은 들이 있는 읍을 지나 시골길을 한참 들어갔다. 기사님도 처음이라면서 묻고 또 물어 겨우 찾아간 곳이 마을도 보이지 않는 논과 밭 사이에 조그만 저수지가 있는 골짜기였다.

논밭이 있는 한가운데 크지도 않은 시멘트로 지어진 철가방 극장이 덩그러니 서 있다. 빈터에 제법 많은 자동차도 있다. 사람들이 전혀 왕래하지 않을 것 같은 산골에 어떻게 이런 건물을 지으려고 발상했는지 궁금했다. 엉뚱하고 능청스러우면서 기인이라 할 정도의 큰 재능을 지닌 전유성 코미디언다운 아이디어라는 생각이 들었다. 총무가 입장권 구매 창구로 가더니 지금 공연이 시작되었다고 한다. 우리는 공연을 보기 위해 입구로 우르르 몰려 들어갔다. 어두운 극장 안에서는 희극이 공연 중이었다. 더듬거리며 각자 빈자리를 찾아 코미디를 관람하였다.

관람료는 얼마인지 모르겠으나 빛을 보기 위해 대기 중인 아마추어 배우들이지만 재미있게 엮어 나갔다. 몇 편의 공연이 이어지더니 벨이 울리며 불이 환하게 들어온다. 크지 않은 장내지만 구경꾼들로 자리는 가득 미어졌다. 출연진들이 무대 위에 들어서서 인사를 올리자 우레와 같은 박수가 쏟아진다. 성공을 바라는 관객들의 응원의 마음이리라. 극장 밖으로 나오니 배우들이 웃으며 우리를 맞이한다. 전유성 코미디언을 만날 수 있느냐고 물으니 어저께 다녀갔다면서 모레 온다고 한다. 어떤 의미가 있어 머나먼 두메산골 끝자락에 극장을 세웠는지 궁금하여 만나보고 싶었다.

돌아오는 차 안에서 어느 개그맨이 여기 출신이고 누구도 이 극장 출신이라는 둥 말들이 많다. 중국음식점 사장을 꿈꾸며 철가방 배달을 시작하는 배달원처럼 철가방 극장의 조그만 공연도 개그맨의 원대한 꿈을 품고 이루어 나가기 위한 첫 출발이자 교육장이다. 전유성 코미디언이 출중한 개그맨을 키우기 위해 열어 놓은 훈육장이기도 하다. 출연하는 아마추어 배우들이 미래를 위해 열심히 배우며 노력한다. 앞을 바라보고 고생하는 모든 출연자들이 대기만성이 아니고 큰 무대에서 공연하는 당당한 연예인이 되기를 빌어 본다.

연예인 얘기가 끝없이 이어지면서 저녁 식사가 마련된 미나리밭에 이르렀다. 상 위에는 먹음직한 돼지 수육에 연두색의 상큼한 미나리가 가득 차려졌다. 연예인 이야기로 열을 올려 출출해진 배를 채우며 이번에는 입에 호사하기로 했다. 싱그럽고 은은한 미나리 향내가 온몸에 퍼지며 젊음의 정기를 불어 넣는 것 같다.

청도 유람이 마침내 끝났다. 청도는 내 고향이건만 가족들을 따라 청도에 갔을 때와는 전혀 다른 기분이다. 와인 저장소와 와인, 철가방 연극, 그리고 미나리쌈이 입과 눈과 귀를 즐겁게 해 주었다. 하지만 청도가 내 고향이 아니었으면 이렇게 즐겁고 흥이 났을까. 오늘의 청도 유람은 회원들에게는 세 개의 삼락 유람이지만 내게는 감동과 기쁨이 더하여 네 개의 사락 유람이 되었다. 이렇게 가든 저렇게 가든 내게 청도는 늘 반갑고 정겨운 곳임이 틀림없다.

Come September

'Come September'는 대학 다닐 때 상영되었던 영화 제목이다. 제목 자체가 서양적이고 내용도 도시적이라 대학생들의 마음을 들뜨게 하기에 충분하였다. 긴 세월이 지난 지금도 9월이 되면 그 영화가 항상 생각난다.

영화 내용은 화려한 사랑 이야기다. 이탈리아에 별장을 가진 미국인 갑부 청년은 9월이 되면 이탈리아인 여자 친구와 그의 별장에서 휴가를 보낸다. 올해도 둘이서 조용히 보내려고 예정보다 조금 일찍 별장을 방문하였다. 도착해 보니 별장지기의 실수로 이미 대학생들이 방학을 맞아 휴가를 즐기고 있었다. 어쩔 수 없이 대학생들과 어울리며 일어나는 로맨틱 코미디 영화다. 넓고 멋진 별장과 아름다운 풍경을 배경으로 대학생들과 티격태격하면서도 함께 어울려 사랑을 하며 즐겁고 화려하게 휴가를 보낸다.

우리가 대학 다닐 때는 한국 영화보다 외국 영화가 많았다. 요즘처럼 해외여행으로 관광을 하면서 서양의 문화, 건축, 풍습을 직접 체험할 수 없었다. 영화를 통해 배우고 상상하며 미지 세계의 꿈을 키웠다. 가벼운 터치로 발랄하고 웃음을 자아내게 하는 사랑이 우리 대학생들의 마음을 들뜨게 만들었다. 여유롭고 자유 분방하게 즐기는 그들의 생활이 부럽고 실제로 함께 누리고 싶기도 했다.

9월 초하루 가을의 문턱에 섰다. 가을이네 하는 순간 Come September를 중얼거려 본다. 가물거리는 영화를 떠올리며 이번 가을에는 무슨 일이 일어날 것 같은 약간의 설렘도 다가온다. 청년도 아닌 소녀 시절의 수줍은 가을맞이 같은 떨림이다.

나뭇잎들은 서서히 물들어간다. 물들어가는 나뭇잎을 바라보며 사색에 잠기기도 하며 산책도 한다. 겨울이 가까워지면 힘겹게 버티던 단풍들이 떨어져 바람에 굴러다닌다. 쌓인 낙엽을 지켜보면 따뜻했던 마음이 울적해지면서 초조함이 스며든다.

사는 것이 무엇인가. 어떻게 사는 것이 잘사는 것인지 딱히 해답도 찾을 수 없는 상념에 빠진다. 여러 생각들이 쓰잘 데 없는 것만은 아니다. 철학가나 문학, 예술을 하는 전문인이 아니더라도 가을이라는 계절은 삶의 존재가치에 무게를 더하게 만든다.

가을은 사색하는 계절이다. 소슬바람에 떨어지는 나뭇잎을 바라본다. 주체할 수 없는 상상 속으로 빠진다. 생각은 자유로워서 좋다. 무한한 곳을 헤매이며 어떠한 것을 상상하던 전혀 구애받지 않는다. 혼자 쓸쓸해하며 고독 속에 헤매고 허덕이기도 한다. 오랫동안 만날 수 없는 사람을 그리워하며 만나도 보고 거닐어 보기도 한다. 초라하고 부끄러울 정도의 낮은 곳을 허우적거리는 유치함도 전혀 개의치 않는다. 어처구니없는 과대망상 속에서 혼자 누리다 누구의 도움이나 질책 없이 깨어날 수도 있다.

희로애락의 번죽이 죽 끓듯이 일어나는 성품의 소유자가 나다. 길가에 수줍게 피어 있는 가냘픈 풀꽃을 만나면 곁에 앉아 얘기를 나누며 다독거려 준다. 가로수 잎들이 떨어지는 모습에 주체할 수 없는 허전함을 힘겹게 다스리기도 한다. 나무 둥지에 쌓인 낙엽을 발길질하여 높이 치켜올리는 심술도 부리곤 한다. 아무 일 없는 듯 바쁘게 지나치는 사람들 틈에서 혼자 법석이다.

가을은 사랑을 하는 계절이다. 사랑이란 아름다운 것이다. 하나님의 무조건적인 사랑과 부부간의 사랑, 자녀의 사랑, 이성 간의 사랑,

우정, 도움을 기다리는 손길에 베푸는 사랑도 있다. 자연, 학문, 예술에 대한 사랑도 있다. 이 많은 관계가 우리 삶의 가치를 높여 주며 살아가는 원동력이 된다. 생활을 더 따뜻하게 만들어 주며 만남을 이루어 주기도 한다. 떠난 사랑을 아련히 떠오르게 하며 이별의 슬픔에 더 크게 아프고 깊은 상처를 입히기도 한다.

가을은 나를 병들게 만든다. 가을은 독서의 계절이라고 하지만 풍요로움의 안일함인지 서늘한 가을바람은 외로움을 동행한다. 사색, 음악, 나눔도 공허함 속에 슬픔이 되어 벗어날 수 없게 만든다. 보잘것없는 주변의 일들이 아픔이 되어 고독의 병에 이르게 하는 것이 가을이다.

지난해 준비 없는 가을을 맞아 심한 가을앓이로 힘들었다. 가을이라는 허전함에서 쉽게 헤어 나올 수 없었다. 쓸쓸함이 온몸에 덧입혀 가을바람이 스치기만 해도 소스라치게 놀랐다. 병들 것 같은 어두운 영상들의 암울함에서 벗어나고자 혼신의 힘을 기울였다.

그 여운이 두려워 올해는 두 건의 여행으로 가을 준비를 미리 계획하였다. 메밀꽃으로 유명한 봉평에 가기로 했다. 메밀밭 긴 이랑을 걸으며 '메밀꽃 필 무렵' 작품에 푹 빠져보고 싶기도 하다. 보름밤이면 금상첨화일 것 같다. 제주도 올레길을 걷기 위한 여정도 잡혀 있다. 여러 번 다녔던 제주 여행이지만 즐거운 가을을 끌어안아 쓸쓸한 가을 정취에서 벗어나고 싶다.

마음의 준비는 되었지만 그래도 9월은 나를 초조하게 만든다. 예상치 못한 일이 일어날까 불안감이 스친다. 겁에 질린 듯 두렵기도 하다. 젊은 날의 Come September가 아니더라도 외딴 큰 성에 스산한 바람에 낙엽이 구르는 넓은 정원 한가운데 홀로 서 있는 여인처럼 외로움에 젖어 들지 않기를 바란다. 마음껏 즐기고 사랑하며 누렸던 지난날의 가을이 아니더라도 고독에 휩싸이는 가을이 아니기를 바란다. 두 건의 여행이 기다리지 않는가.

정수자 수필집
완행열차를 타다

인쇄 2019년 7월 19일
발행 2019년 7월 22일

지은이 정수자
발행인 서정환
펴낸곳 수필과비평사
주소 서울시 종로구 삼일대로 32길 36(익선동 30-6 운현신화타워) 305호
전화 (02) 3675-3885, (063) 275-4000 · 0484
팩스 (063) 274-3131
이메일 sina321@hanmail.net essay321@hanmail.net
출판등록 제300-2013-133호
인쇄 · 제본 신아출판사

ISBN 979-11-5933-226-5 03810

값 13,000원

이 도서의 국립중앙도서관 출판예정도서목록(CIP)은 서지정보유통지원시스템 홈페이지(http://seoji.nl.go.kr)와 국가자료공동목록시스템(http://www.nl.go.kr/kolisnet)에서 이용하실 수 있습니다.(CIP제어번호: CIP2019028269)

Printed in KOREA